mexico

90's

Ediciones G. Gili, S.A. de C.V.

México, Naucalpan 53050   Valle de Bravo, 21. Tel. 560 60 11
08029 Barcelona   Roselló, 87-89. Tel. 322 81 61

mexico 90's

Una arquitectura contemporánea / *A contemporary architecture*

Miquel Adrià

GG®/México

Traducción al inglés/*English translation:*
Graham Thomson

Traducción al castellano del texto de Ricard Ingersoll/
Spanish translation of Richard Ingersoll's text:
Mónica Gili

© Editorial Gustavo Gili, S.A., Barcelona 1996
y para la presente edición
Ediciones G. Gili, S.A. de C.V., México 1996

Printed in Spain
ISBN: 968-887-290-3
Impresión: Grafos, S.A. Arte sobre papel

La edición consta de 5.000 ejemplares

Índice

Contents

Un reproche silencioso: observaciones sobre la arquitectura mexicana reciente
Richard Ingersoll

Fig. I

Fig. II

Fig. III

La pequeñez de la ciudad más grande del mundo

Hay muchos momentos, cuando el aire está enrarecido por la contaminación y el tránsito se encuentra detenido, que la ciudad de México se parece al interior de un volcán a punto de erupción. No obstante, ésta es la evidencia de que pronto se convertirá en la metrópoli más grande del mundo. Los demógrafos predicen para el año 2000 una población de 25 millones de habitantes, seis o siete millones más de los que tiene hoy. Y, a pesar de todo y sin lugar a dudas, la ciudad de México mantiene una calidad y un ritmo lugareño en la mayor parte de su construcción: la escala de los edificios amenazados por los terremotos, el habitual apiñamiento de los mercados al aire libre con tenderetes de plástico de brillantes colores, la gran cantidad de plazas, parques y bulevares ajardinados y, por todos lados, la creciente extensión de viviendas de baja densidad y de naves industriales. Solamente la frenética carrera de la incansable flota de taxis Volkswagen amarillos y verdes manifiesta el sentido de un estilo de vida metropolitano.[1]

La modernidad ha llegado a la ciudad de México con toda su fuerza –periféricos, rascacielos, sistema metropolitano y otro instrumental tecnológico propio de la evolución social– pero, sorprendentemente, la escala lugareña de la gran ciudad le ha permitido resistir a los habituales modelos de alienación social. Aunque las zonas más céntricas estén salpicadas de impresionantes rascacielos –empezando por la Torre Latinoamericana (A. & L. Zeevaert, 1953, 27 pisos) (fig. I), arrogantemente situada en los límites de la ciudad colonial, y terminando con el edificio Pemex (Pedro Moctezuma, 1984, 50 pisos) (fig. II), rematado por una pista para helicópteros de ejecutivos–, y aunque uno sienta el palpable resplandor del poder urbano a lo largo del Paseo de la Reforma, con sus grandes hoteles, sus monumentales rotondas y sus locales de elevado alquiler, la vida de la ciudad se traslada a alguna otra parte (fig. III). Mientras que los rascacielos indican un intencionado compromiso con el capital internacional y con los métodos propios del mundo de los negocios postindustriales, esta tipología no es, en realidad, representativa de la arquitectura mexicana. Las formas arquitectónicas en altura, y el comportamiento formal de las modernas instituciones financieras se diluyen rápidamente en barrios más pequeños y más íntimos: la clase social más pudiente vive en villas que rivalizan con las de Beverly Hills, y están situadas a los pies de las Lomas, cerca del Parque de Chapultepec, mientras que los barrios más populares se desparraman de forma imperdonable hacia el norte, el este y el sur, ocupando las zonas de mayor riesgo geológico, donde con anterioridad se hallaban los lagos pantanosos que rodeaban la capital azteca de Tenochtitlan (fig. IV). La arquitectura mejor considerada gravita hacia esos lugares pudientes en forma de viviendas caras, instituciones públicas y pequeños centros comerciales.

A Silent Reproach: Observations on Recent Mexican Architecture
Richard Ingersoll

The Smallness of the World's Largest City

There are many moments, when the air is saturated with smog and the traffic paralized in gridlock, that Mexico City feels like the inside of a volcano about to erupt. It is not otherwise apparent, however, that it will soon be the largest metropolis in the world. In the year 2000 demographers predict a population of 25 million, six or seven more million than it has today. Yet Mexico City retains an unmistakable village-like quality and rhythm in most of its fabric: the low scale of the seismically threatened buildings, the frequent clustering of outdoor markets with loudly colored plastic canopies, the numerous plazas, parks and planted boulevards, and in every direction the incremental extension of low-density houses and industrial sheds. Only the frenetic darting of the tireless fleet of yellow Volkswagen taxis conveys the sense of a metropolitan way of life.[1]

Modernity has arrived in full force in Mexico City, with freeways, highrises, subway, and other technological instruments of social evolution, but the village scale of the big city has surprisingly allowed it to resist the usual patterns of social alienation. Although the central zones are dotted with impressive highrises, starting with the Torre Latinoamericana (A. & L. Zeevaert, 1953, 27 stories) [fig. I], arrogantly sited on the edge of the colonial city, and ending with the cross-braced Pemex building (Pedro Moctezuma, 1984, 50 stories) [fig. II], capped with its landing pad for executive helicopters, and despite the fact that one senses the palpable scintillation of urban power along the Paseo de la Reforma with its grand hotels, monumental traffic circuses, and high-rent businesses, the life of the city is deferred elsewhere [fig. III]. While the highrises indicate a wilful engagement with international capital and post-industrial business methods, they are not truly representative of Mexican architecture. The up-scaled architectural forms and the formal demeanor of modern financial institutions are quickly diffused into smaller, intimate neighborhoods, with the very wealthy living in the Lomas foothills near Chapultepec Park in spectacular suburban villas that rival those of Beverly Hills, while the more popular districts sprawl unforgivingly to the north, east, and south, occupying the geologically dubious zones that once were the shallow lakes surrounding the Aztec capital of Tenochtitlan [fig. IV]. The most carefully considered architecture gravitates to these tributary places in the form of expensive houses, public institutions, and small commercial settings.

Street vendors and market halls are scattered everywhere, continuing the communitarian character of pre-corporate forms of commerce. It is strange how new technology slips in so easily and adjusts to tradition. Many market stalls are now equipped with a television, so that the vendor can stay abreast of the latest episode of a telenovela. The undulating roof of the Mercado Pino Suárez by Sánchez Arquitectos demon-

6

Los vendedores ambulantes y los puestos de mercado diseminados por todos lados continúan con el carácter comunitario de los sistemas comerciales precorporativos. Es extraño comprobar cómo las nuevas tecnologías se introducen de forma tan fácil y se adaptan a la tradición. Hoy día, muchos puestos de mercado están equipados con un televisor de manera que el vendedor pueda seguir el último episodio de la telenovela. La sinuosa cubierta del Mercado Pino Suárez, de Sánchez Arquitectos, manifiesta la intención de retomar los ingredientes constructivos propios de los mercados tradicionales mexicanos: una armadura ligera de acero y una cubierta metálica ondulante; se ensalza la tipología con columnas de acero inclinadas 15 grados, en direcciones alternas, que se intersectan en el reverso de las curvas de la cubierta. Los tres niveles del mercado se sitúan entre las columnas, proporcionando una independencia liberadora entre el conjunto del recinto y su contenido. Sin representar una amenaza para la tradición del mercado, esta intervención alienta una toma de conciencia hacia la novedad tecnológica que supone la estructura metálica como verdadero estilo de esta tipología de edificio local.

En México, las festividades religiosas y políticas atraen una participación masiva característica de las culturas preindustriales pero, a pesar de la fuerza de la tradición, se adaptan libremente a la tecnología moderna. Las kilométricas procesiones durante la festividad de la Virgen, en el santuario de Guadalupe, pasan a través de una reja de delgadas barras de concreto, una delicia racionalista espontánea. Durante las fiestas, la fantasmagórica columnata se utiliza de mástil para el montaje de los tenderetes del mercado (fig. V). Para la celebración del Día de la Independencia Mexicana, el 15 de septiembre, las calles del centro histórico se acordonan y en ellas tiene lugar una especie de batalla carnavalesca en la cual se tiran huevos y bombas de harina, seguida de un desfile militar. El objeto más vendido en la celebración del Día de la Independencia no es la bandera mexicana o el tradicional sombrero* sino una careta de plástico transparente, decorada con unas franjas patrióticamente tricolores: una oportuna solución tecnológica para protegerse de las bombas de harina que se lanzan a la cara de los espectadores. La tecnología industrial se ha adaptado a la evolución de las tradiciones mexicanas.

La mayor parte de la mejor arquitectura mexicana de los últimos cuatro años contribuye a esta tendencia antimetropolitana, respondiendo de forma defensiva a las duras condiciones de la sobrepoblación, y desarrollando por lo menos una de las tres tradiciones modernas: 1) la creación de un recinto delimitado de forma independiente alrededor de una obra monumental, tradición derivada de una mezcla de las estrategias compositivas utilizadas por Le Corbusier en Chandigarh, y las plataformas ceremoniales precolombinas; 2) el ensamblaje de diferentes planos de color relacionado con las tendencias artísticas abstractas características del Movimiento Moderno, como el neoplasticismo y, al mismo tiempo, relacionado con la parafernalia ritual y artesanal indígena; 3) la elaboración progresiva y experimental de las técnicas industria-

strates an attempt to take the expedient building ingredients of conventional Mexican market halls, thin steel trusses and corrugated metal roofing, and enliven the typology with steel columns that lean 15 degrees in alternating directions to intersect the points were the curve of the roof reverses. The three levels of the market are slipped in between the columns, allowing a liberating indepedece between the overall enclosure and its contents. Without threatening the tradition of the market, the intervention encourages an awareness of the novelty of metallic structural technology as the real style of this local building type.

Mexican religious and political festivals attract the kind of mass participation characteristic of preindustrial cultures, but despite the force of tradition, adapt freely to modern techniques. The mile-long processions for the Feast of the Virgin at the shrine of Guadalupe pass through a rigorous grid of thin pre-cast concrete poles, an unpremeditated rationalist's delight. The ghostly colonnade serves on holidays as masts to set up the attendant market tents [fig. V]. For the celebration of Mexican Independence Day on September 15, the streets of the historic center are cordoned off and occupied with a carnival-like riot of egg throwing and flour bombs, followed by a parade of military equipment. The fastest selling item for the Independence Day festival is not the Mexican flag, or the traditional sombrero, but a transparent plastic face-shield, decorated with a patriotic tricolor strip, an expedient technological solution to defend against flour bombs thrown at bystanders' faces. Industrial technologies have been appropriated in the evolution of Mexican traditions.

Fig. IV

Fig. V

Much of the best Mexican architecture of the last four years contributes to the anti-metropolitan trend, responding defensively to the harsh urban conditions of over-population by developing at least one of three modern traditions: 1) the establishment of an independent bounded precinct surrounding a monumental figure, derived from a mixture of Le Corbusier's compositional strategies at Chandigarh and pre-Columbian ceremonial terraces; 2) the interlocking assembly of different colored planes, related to Modernist abstract art movements such as Neo-plasticism as much as to the crafts and ritual paraphernelia of indigenous peoples; and 3) the progressive and experimental elaboration of industrial techniques to create billowing shells, thrusting canopies, and thin membered spans. While none of these traditions is completely distinct, the fascination with technology among part of the younger generation, represents a conscious effort to resist nationalistic or folkloric cultural references to pyramids and bright colors in favor of a respect for a modern deployment of structure and materials.

While it seems unfair to reduce Mexican architecture to tendencies that are rooted in Mexico City, it is also apparent that every building of importance has occured almost entirely according to the conditions of the capital city, which in the production of modern life has a determining cultural influence on the rest of the country. Guadalajara and Monterrey, cities with sizable populations and productive capacity, have had previous moments of gran modernist design, par-

* (En castellano en el original.)

les para crear cubiertas ondulantes, marquesinas en voladizo y estructuras ligeras.

Mientras que ninguna de estas tres tradiciones se halla totalmente diferenciada, la fascinación por la tecnología que siente una parte de la generación más joven representa un esfuerzo consciente de resistencia a las referencias culturales folclóricas o nacionalistas como las pirámides o los colores vivaces en favor de un respeto por el moderno despliegue estructural y de materiales.

Fig. VI

Aunque limitar la arquitectura mexicana a las tendencias arraigadas en la ciudad de México no parezca justo, es evidente que todos los edificios importantes se han concebido de forma casi exclusiva de acuerdo con las condiciones de la capital, la cual tiene una influencia cultural determinante sobre el resto del país, en cuanto a la producción de la vida moderna se refiere. Guadalajara y Monterrey, ciudades con importantes poblaciones y capacidad productiva, han gozado anteriormente de momentos de esplendor en lo relacionado con el diseño moderno, especialmente durante la época de derroche del presidente José López Portillo (1976-1982). En este período, los centros históricos de estas ciudades estuvieron sujetos a una radical renovación urbana a base de demoliciones e intervenciones megaestructurales como la Plaza Tapatía en Guadalajara, y la Macroplaza en Monterrey (figs. VI y VII). Al haber vaciado sus centros históricos, ninguna de estas ciudades muestra una gran vitalidad urbana, y, gran parte del elevado presupuesto de los últimos años ha sido desviado hacia barrios residenciales y remotos parques de negocios situados en la periferia, donde la tierra es más barata y más fácil de controlar.

Fig. VII

Una excepción fue la iniciativa de Garza Sada, magnate local de Monterrey, que decidió construir el Museo de Arte Contemporáneo (MARCO, Legorreta Arquitectos, 1991) (fig. VIII) en el límite de la Macroplaza. Este edificio revive una forma de mecenazgo de elite en desuso dirigida a potenciar proyectos públicos con un logrado resultado estético. Otra excepción sería la cuidada restauración del Hospicio Cabañas, orfanato del siglo pasado que alberga magníficos frescos de Orozco, situado en Guadalajara. Este edificio, con sus múltiples patios, sirve ahora de centro cultural multimedia para exposiciones y actuaciones.

Fig. VIII

El folclor cultural y las tradiciones regionales continúan desarrollándose por todo México e influyen en la memoria colectiva. A pesar de la preferencia oficial por las culturas indígenas en la iconografía y toponimia de la capital, las sociedades rurales no parecen tener mucha relación con los aspectos institucionales, técnicos y de orientación comercial del país ya que éstos se encuentran firmemente arraigados a las burocracias y fortunas de la ciudad de México. Ésta es la ciudad donde viven todos los arquitectos seleccionados en este libro, a excepción de uno.

"Viva México" *versus* "Esto no es realmente México"

Debido al legado anticolonialista de la revolución mexicana, a la unidad ideológica de un sistema político unipartidista y a la prevalencia de una población obviamente no europea, existe, en

ticularly during the spendthrift period of President José López Portillo (1976-82), when the historic centers of these cities were subjected to radical urban renewal demolitions, resulting in the megastructural interventions of Plaza Tapatía in Guadalajara and the Macroplaza in Monterrey [figs. VI & VII]. Due to the emptying out of their historic centers, neither of these cities shows much urban vitality, and most of the high-income development of the last few years has been syphoned to gated suburban communities and remote business parks on the peripheries, where land is cheaper and easier to control.

One exception was the initiative in Monterrey taken by the local tycoon, Garza Sada, to build the Museum of Contemporary Art (MARCO, Legorreta Arquitectos, 1991) [fig. VIII] on the edge of the Macroplaza, reviving a lost mode of elite patronage for public projects with a fairly successful aesthetic result. Another exception would be the careful retrofitting of the 19th century orphanage, the Hospicio Cabañas, in Guadalajara, site of Orozco's magnificent frescoes, which with its many patios now serves as a multimedia cultural center for exhibitions and performances.

Lively folk cultures and regional traditions continue to thrive throughout Mexico and influence a national collective memory. Despite the official deference to indigenous cultures in the inconography and toponymy of the capital, rural societies appear to have little correspondence to the institutional, technical, and business-oriented aspects of the country which are firmly rooted in the bureaucracies and fortunes of Mexico City. It is here that all of the architects selected for publication, excepting one, reside.

"Viva Mexico!" versus "This is not really Mexico"

Because of the anti-colonialist legacy of the Mexican Revolution, the ideological unity of a single party political system, and the prevalence of an obviously non-European population, there has been a distinct populist current in Mexican culture during the 20th century, evident in the work of the Mexican muralists, and captured in architectural terms in the transition of Juan O'Gorman, from a fairly dogmatic use of the International Style in his buildings of the early 1930s, such as the studio house for Diego Rivera, to the development of neo-Aztec associations during the 1950s in his ponderous, mosaic-clad University Library building [fig. IX]. Even one of the most resolutely modernist Mexican architects, Mario Pani, designed the Torre Banobras highrise (1964, with Luis Ramos) [fig. X] as a pyramidal volume, in an attempt to infuse it with national identity. The modern sensibility for pure forms was allided with a fantasy of archaic forms in an attempted synthesis.

The invocation of pre-Columbian monumentality reached its apogee in the state projects of Pedro Ramírez Vázquez, whose Museo Nacional Antropológico (1964) [fig. XI] and Palacio Legislativo (1981) set the standard for massive volumes axially arranged in broad, terraced spaces.[2] The two university campuses featured in this volume, Augusto Quijano's administration center for the State University of Mayab (Mérida), and Francisco Serrano's addition (Institutos de la U.I.A.) to his brick-clad campus of the private Universidad

la cultura mexicana del siglo XX, una marcada corriente populista. Dicha tendencia, evidente en la obra de los muralistas mexicanos, queda ilustrada en términos arquitectónicos por la transición ocurrida en la obra de Juan O'Gorman: desde una utilización bastante dogmática del estilo internacional, en sus edificios de principios de los años 30 –como la casa-estudio para Diego Rivera– hasta el desarrollo de las asociaciones neoaztecas que aparecen durante la década de los 50 en su macizo edificio revestido de mosaico de la Biblioteca Universitaria (fig. IX). Incluso uno de los arquitectos mexicanos más resueltamente modernos, Mario Pani, proyectó el rascacielos de la Torre Banobras (1964, con Luis Ramos) (fig. X) como un volumen piramidal, con la intención de imbuir al edificio de una identidad nacional. En un intento de síntesis, la moderna sensibilidad hacia las formas puras se alió con una fantasía de formas arcaicas.

La evocación de la monumentalidad precolombina alcanzó su apogeo en los proyectos estatales de Pedro Ramírez Vázquez, cuyos Museo Nacional Antropológico (1964) (fig. XI) y Palacio Legislativo (1981) establecieron el canon para la realización de los masivos volúmenes dispuestos de forma axial en amplios espacios aterrazados.[2] Los dos campus universitarios seleccionados en este libro, el centro administrativo de la Universidad Estatal de Mayab (Mérida) de Augusto Quijano, y la ampliación de Francisco Serrano (Institutos de la UIA) del campus de ladrillo de la Universidad Iberoamericana (ciudad de México), pertenecen a esta aproximación generosa del espacio, a través de la cual formidables volúmenes horizontales son trabajados con vacíos geométricos puros para crear espacios sombreados.

Los indiscutibles maestros de este vocabulario monumental son Abraham Zabludovsky y Teodoro González de León, que en una época fueron socios-colaboradores y, actualmente, son arquitectos competidores. Entre sus obras más destacadas como equipo despunta el Auditorio Nacional en el Parque de Chapultepec (1985) (fig. XII), quizá su obra maestra. El lenguaje arquitectónico se compone de una amplia y uniforme marquesina, que cruza en diagonal la plaza de entrada. Este marco es intersectado por redondos volúmenes escultóricos equilibrados con el espacio delimitado. Produce un efecto de composición horizontal uniforme en la misma tradición que los espacios aterrazados mexicanos, estableciendo un animado diálogo entre los elementos que conforman los intervalos tipo patio. El Auditorio ha sido la fuente de inspiración de muchas obras posteriores, incluyendo el teatro de Zabludovsky en Guanajuato, y su auditorio en Tuxla Gutiérrez (presente en este libro). La obra más reciente de González de León, el Conservatorio de Música de la Ciudad de las Artes en la ciudad de México (1994) parte de un programa similar y prosigue con el incesante juego de volúmenes puros pero difiere, de forma inflexible, en el desarrollo de un nuevo vocabulario de desequilibradas formas inclinadas que pugnan contra el marco horizontal prescrito. Mediante la efectista utilización de cortes en diagonal y de espectaculares trabes que unen los volúmenes independientes, los primeros proyectos de Zabludovsky y González de León utilizaban la

Iberoamericana (Mexico City), belong to his generous approach to space, where formidable horizontal volumes are carved out with pure geometric voids to create deeply shaded hollows.

The undisputed masters of this monumental vocabulary are Abraham Zabludovsky and Teodoro Gónzalez de León, once collaborating partners and now arch rivals. Among their most successful works as a team, perhaps their masterpiece, is the Auditorio Nacional theater in Chapultepec Park (1985) [fig. XII]. The vocabulary consists of a unifying broad canopy, cutting diagonally across the entry plaza. This frame is then intersected by rounded sculptural volumes that counterbalance each other in the bounded space. The effect is of a unified horizontal composition in the tradition of Mexican terraced spaces, with a lively dialogue of elements that form patio-like intervals. The Auditorio has served as a source for many subsequent works, including Zabludovsky's theater in Guanajuato and his Auditorio at Tuxtla Gutiérrez (featured in this collection). González de León's latest work, the Music Conservatory for the Ciudad de las Artes campus in Mexico City (1994), has a similar program and continues the play of unrelieved pure volumes but adamantly diverges in the development of a new vocabulary of unbalanced tilted forms that struggle against the prescribed horizontal frame. With their dramatic use of deep diagonal cuts and long-spanning trusses that tie together independent volumes, the earlier projects of Zabludovsky and González de León used modern reinforced concrete techniques almost always rendered in a uniformly rough pink pebbled aggregate. They combined a constructivist desire for fragmentation and heroic spans with a prehispanic love of terracing and serene horizontals.

The influence of Zabludovsky and González de León has been widespread. It is visible in L.B.C.'s house in the wealthy district of Lomas de Chapultepec (1991), a work that surpasses the masters in its refinement of detailing and varied palette of materials. The younger architects span the length of the house with a nearly two meter deep steel I beam and hold the plates of glass in with delicately etched steel frames. L.B.C.'s house in the southern enclave of El Pedregal pursues the same horizontal strategy, combining muscular I-beam spans with local stone infill and feathery light glass panels. A similar compositional influence orders the Club Hípico on the outskirts of Monterrey by Landa, Alessio-Robles, where differently oriented solid stone-clad mastaba-like volumes are connected by a long steel span, and brought together on broad terraces. The traces of this monumental tradition are also apparent in the offices for the Tribunal Federal Electoral by a group of young architects and students from UNAM, who have used shade-inducing diagonal cuts through regular volumes to create diverse patios while trying to innovate on the facades with lighter materials and structural members.

Although the horizontality of these works belong to a pre-Columbian spatial tradition and have anti-colonial, nationalistic implications, it is the brightly-colored architecture of Ricardo Legorreta, who also favors very horizontal compositions, that most expresses Mexicanidad. Legorreta has consciously based his architectur-

Fig. IX

Fig. X

Fig. XI

Fig. XII

moderna tecnología del concreto, casi siempre obtenida mediante un uniforme acabado en tosca piedra rosa. Combinaban un deseo constructivista de fragmentación de los heroicos espacios con un gusto prehispánico por las terrazas y las serenas horizontales.

La influencia de Zabludovsky y González de León se ha extendido. Es visible en la casa de LBC Arquitectos situada en el lujoso barrio de las Lomas de Chapultepec (1991), una obra que sobrepasa a los maestros en el refinamiento de los detalles y en la variada gama de materiales. Los jóvenes arquitectos colocan una viga de acero a lo largo de la casa y sustentan la superficie acristalada con delicada carpintería metálica. La casa de LBC Arquitectos, situada en el enclave sur del Pedregal, persigue la misma estrategia horizontal, combinando una musculosa estructura de vigas con revestimiento de piedra local y ligeras superficies de vidrio. Una influencia compositiva similar rige el Club Hípico, en las afueras de Monterrey, obra de Landa y Alessio-Robles. Allí, varios volúmenes revestidos de piedra mastaba, orientados indistintamente, se relacionan a través de una estructura techada y conservan una unidad gracias a las amplias terrazas. Las huellas de esta tradición monumental también son evidentes en las oficinas del Tribunal Federal Electoral, obra de los jóvenes estudiantes de arquitectura de la UNAM. Éstos han realizado cortes en diagonal que producen sombra para crear varios patios, al mismo tiempo que han tratado de introducir innovaciones en las fachadas mediante el uso de materiales más ligeros y de elementos estructurales.

Aunque la horizontalidad de estas obras proviene de la tradición espacial precolombina y conlleva implicaciones anticoloniales y nacionalistas, la arquitectura de intenso colorido de Ricardo Legorreta –el cual muestra también una preferencia por las composiciones horizontales– es la que mejor expresa la *mexicanidad*.* De forma intencionada, Legorreta ha basado su lenguaje arquitectónico en la interpretación, previamente realizada por Luis Barragán, de los motivos característicos de la hacienda mexicana convertidos en formas puras, ofreciendo como resultado un complejo juego de planos de diferentes colores entrelazados, cerramientos compuestos de empalizadas de estrechas ventanas y patios sombreados por celosías. La utilización de colores vivos como el amarillo de los taxis, el azul marino, el naranja y el magenta, se ha convertido en elemento tan importante del estilo de Legorreta que casi podría afirmarse que el material pictórico constituye el material principal de sus edificios. La configuración de los volúmenes puros contribuye al llamativo efecto del color (fig. XIII).

En palabras del propio Legorreta, sus obras son un medio para afirmar la independencia cultural: "Cuando proyecté Automex [su primer proyecto independiente, iniciado en 1963], era como un fuerte grito de ¡Viva México! ¡Vivan los mexicanos! ¡Viva yo! ¿Por qué no puede un país o una persona pobre tener derecho a ser libre? ¿Por qué por el mero hecho de ser económicamente pobres debemos limitar nuestro talento, sensibilidad, expresión y dignidad?".[3] Esta vocación por representar a la voz subalterna ha tenido, obvia-

* (En castellano en el original.)

Fig. XIII

al language on Luis Barragán's earlier translation of hacienda motifs into pure modern forms, resulting in a complex play of different colored interlocking planes, boundaries formed by palisades of narrow slitted windows, and patios shaded by deep trellises. The role of bright colors, like taxi-cab yellow, ultramarine blue, blood-orange, and magenta, have become such an important ingredient of Legorreta's style that one can almost say his primary building material is paint! The massing of pure volumes helps him achieve the glowing effects of color [fig. XIII].

In Legorreta's own words his designs are a means of asserting cultural independence: "When I designed Automex [his first independent project, begun in 1963], it was like a strong yell, Viva Mexico! Viva los Mexicanos! Viva yo! Why can't a country or a poor person have a right to be free? Why simply because one is poor economically should we be restricted in talent, sensibility, expression and dignity?".[3] This vocation to represent a subaltern voice has obviously had great appeal, since Legorreta has in the mean time become the most successful Mexican architect, working as much for corporate clients as for the state, with offices both in Mexico City and Los Angeles. He recently was selected to design the Mexican Museum of Art in San Francisco, California, most certainly for his ability to convey mexicanidad to a U.S. audience concerned with authentic cultural identity. His recently finished library in Monterrey, reveals something of a departure among his recent projects in its renewed interest in geometric relationships. The deployment of the square within the cylinder is cognate to Louis I. Kahn's investigation at Dacca of similar strategies of inserting forms within forms. As in all of Legorreta's works, however, and unlike Kahn, the Monterrey library suffers from a disinterest in construction and detail, an area where poverty becomes a poor excuse.

The Westin Hotel at Los Cabos by Sordo Madaleno y de Yturbe, designed by younger architects might easily be mistaken as a work by Legorreta because of its use of highly contrasting colors, yet it demonstrates a decided superiority both in the sophistication of details and in its structural adventurousness. A dramatically suspended wing, several stories in depth, spans across the central patio to frame the ocean vista. In keeping with the fantasy of luxury hotels, a waterfall spills down to replenish the lower swimming pools.

The sensibility for contrasted colored planes-derived from Barragán's example has suffused an entire generation of architects. In the case of Legorreta and his imitators it has often led to tedious clichés. In some of Legorreta's commercial buildings the bright paint and the decorative accoutrements, such as big stone balls, have been supplied to mitigate a lack of constructional integrity. A more subtle interpretation of Barragán's language can be found in the work of his sometime collaborator Andrés Casillas, currently one of the directors of the Fundación Barragán. Admittedly Casillas, in works such as his own house, is working on a smaller scale with fewer variables than Legorreta, but the effect is closer to the restraint and spatial complexity of the master, and in his cultivation of rich materials and

mente, gran aceptación ya que, mientras tanto, Legorreta se ha convertido en el arquitecto mexicano más famoso que trabaja ya sea para empresas privadas, ya sea para el estado, y con despachos en la ciudad de México y en Los Ángeles. Recientemente, fue seleccionado para proyectar el Museo Mexicano de Arte en San Francisco, California, sobre todo por su habilidad en transmitir la *mexicanidad** al público norteamericano tan preocupado por la auténtica identidad cultural. Entre sus últimos proyectos, la recién terminada biblioteca de Monterrey evidencia una dirección hacia un renovado interés por las relaciones geométricas. El despliegue del cuadrado dentro del cilindro deriva de la investigación de Louis I. Kahn en Dacca en cuanto que se aplica una estrategia similar al insertar unas formas dentro de otras formas. De todos modos, como en todas sus obras, y a diferencia de Kahn, la biblioteca de Monterrey acusa una falta de interés por la construcción y el detalle, un aspecto donde la pobreza se convierte en una mala excusa.

El hotel Westin en Los Cabos, de Sordo Madaleno y de Yturbe, está proyectado por arquitectos más jóvenes y podría confundirse fácilmente con una obra de Legorreta por la utilización del contraste de colores, aunque muestra una superioridad decisiva tanto en la sofisticación de los detalles como en el riesgo estructural. Un cuerpo de varios pisos de profundidad, suspendido de forma espectacular, se extiende en voladizo a través del patio central para enmarcar la vista del océano. Una cascada se desliza para llenar las piscinas situadas en un nivel más bajo, a la altura de las fantasías propias de los hoteles de lujo.

Una generación entera de arquitectos se ha empapado de esta sensibilidad por los planos de colores contrastados heredada del ejemplo barraganiano. En el caso de Legorreta y sus imitadores, a menudo, dicha sensibilidad ha conducido a tediosos clichés. En algunos de los edificios comerciales de Legorreta, los colores llamativos y el instrumental decorativo (como por ejemplo las grandes bolas de piedra) han servido para mitigar una falta de integridad constructiva. Una interpretación más sutil del lenguaje barraganiano puede encontrarse en la obra de Andrés Casillas, colaborador de Barragán durante algún tiempo y, actualmente, uno de los directores de la Fundación Barragán. Lo cierto es que Casillas, en obras como su propia casa, trabaja en una escala menor, con pocas variantes respecto a Legorreta. Pero el efecto general es más cercano a la moderación y a la complejidad espacial del maestro y, en su gusto por los materiales nobles y los detalles artesanales, ha pretendido acercarse a los rigurosos métodos de Mies van der Rohe, muy alejado de la despreocupada construcción de Legorreta.

La enorme concentración de bienestar en el México moderno ha fomentado la aparición de verdaderos excéntricos, cuyos edificios son formas puras. Entre los tradicionalistas se encuentra Carlos Mijares que construye exclusivamente en ladrillo (aunque debajo de sus edificios haya una estructura de concreto en prevención de una posible actividad sísmica). Mijares convierte arcos y bóvedas en fantásticas montañas de luz

well-crafted details he has aimed at the rigorous methods of Mies van der Rohe, which are far from the casual construction of Legorreta.

The extreme concentration of wealth in modern Mexico has helped nurture some true eccentrics, whose buildings are almost pure form. Among the traditionalist is Carlos Mijares who works exclusively in brick (although underneath is a reinforced concrete structure for seismic perfomance). Mijares combines arches and vaults into fantastic mountains of light. [fig. XIV] Undoubtably the most eccentric Mexican architect is Augustín Hernández, whose formalist concoctions in concrete slab and metal sheathing have a nostalgia for the sort of mechanomorphic design suitable for James Bond [fig. XV].

During the presidential administration of Carlos Salinas de Gortari (1988-94) a new openness to international development and technology was promoted in Mexico, along with the optimism that certain historic conditions of dependency could be reversed. New American-style shopping malls and upper middle class suburbs have been built expeditiously, creating an accelerated atmosphere of economic discrimination and a noticeable attitude among some Mexicans that "we are not really in Mexico". Most indicative of this phenomenon among the projects shown here is Claudio Gantous's elegant Jean Ken hair salon, adjacent to the exclusive shopping district of Polanco. Gantous's retrofitting of an earlier structure, using a refined palette of stainless steel and glass, with shimmering, custom-designed fittings, has led to minimalist luxury. The effect recalls the elegant storefronts of contemporary Milan and Barcelona. In the driveway below, however, there is a scene that contradicts the evasive modernist imagery and snaps the setting back to the reality of Mexico, with a dozen or so bodyguards and chauffeurs of the wealthy clients of Jean Ken waiting like eunuchs outside the harem. Gantous's details, which include turnbuckles, daring window clasps, and rivetted steel members, are the most ephemeral of what can be recognized as a Mexican tendenza, a group of young architects working mostly with ferrovitreous techniques and rationalist layouts. If the first wave of a Mexican technological tradition was dominated by the empirically achieved concrete shells of Félix Candela in the 1950s, this new wave is characterized by a taste for metal tension structures. The most accomplished among the new technology-based designers, a group that includes Isaac Broid, Luis Vicente Flores, Gantous, Albin, Vasconcelos y Elizondo, and Sánchez Arquitectos, are Enrique Norten and Alberto Kalach.

Norten (T.E.N. Arquitectos) represents one extreme, creating highly Expressionistic compositions of eccentric shapes, and relying on foreign technology to accomplish some of the details, in an effort to involve Mexican architecture in a process of globalization. Modernity in these terms has no country, and Norten's work can be seen as a constant provocation to abandon the chains of folklore and embrace the liberating potentials of modernity.

Norten's National Drama School is a building that will be seen far beyond the borders of Mexi-

---

* (En castellano en el original.)

(fig. XIV). Pero sin lugar a dudas, el arquitecto mexicano más excéntrico es Agustín Hernández, cuyos guisos formalistas de bloques de concreto y revestimientos metálicos sienten una nostalgia por el tipo de diseño mecanomorfo característico de James Bond (fig. XV).

En México, durante el gobierno presidencial de Carlos Salinas de Gortari (1988-1994), hubo una apertura hacia el desarrollo internacional y una apuesta por la tecnología que se extendió paralelamente a una actitud optimista que creía que determinadas condiciones de dependencia podían ser invertidas. Nuevos centros comerciales y suburbios de clase media-alta de estilo norteamericano proliferaron rápidamente, creando una acelerada atmósfera de discriminación económica y una evidente actitud entre algunos mexicanos que se manifestaba mediante la frase: "nosotros no estamos realmente en México". Entre las obras que se muestran en este libro, una de las más indicativas de este fenómeno es el elegante salón de belleza Jean Ken, obra de Claudio Gantous y adyacente al exclusivo barrio comercial de Polanco. La remodelación de una estructura existente mediante la refinada utilización del acero inoxidable y del vidrio, con brillantes acabados diseñados a medida, ha resultado ser un lujo minimalista. Recuerda el mismo efecto que producen los elegantes escaparates contemporáneos de Milán y Barcelona. Más abajo, en la calle, se produce una escena que contradice esta evasiva imagen moderna y que nos devuelve a la realidad de México: una docena de guardaespaldas y choferes de la rica clientela de Jean Ken esperan, como eunucos fuera del harén. Los detalles de Gantous, que incluyen tensores, atrevidos cierres en las ventanas y elementos remachados de acero son el exponente más efímero de lo que puede denominarse la *tendenza* mexicana: un grupo de jóvenes arquitectos que trabajan con técnicas ferrovítreas y trazados racionalistas. Si la primera ola de la tradición tecnológica mexicana de los años 50 estaba dominada por cubiertas de concreto empíricamente logradas, esta nueva ola se caracteriza por un gusto por las estructuras metálicas tensionadas. Los arquitectos con mayor experiencia de esta generación basada en las nuevas tecnologías –un grupo que incluye a Isaac Broid, Luis Vicente Flores, Claudio Gantous, Albin/Vasconcelos/Elizondo y Sánchez Arquitectos–, son Enrique Norten y Alberto Kalach.

Norten (TEN Arquitectos) representa un extremo de esta tendencia mediante la creación de composiciones altamente expresionistas y de excéntricas formas. Deposita la confianza en la tecnología extranjera para lograr algunos detalles, en un esfuerzo por involucrar a la arquitectura mexicana en un proceso de globalización. En este sentido, la modernidad no tiene país, y la obra de Norten puede leerse como una constante provocación por abandonar las cadenas del folclor y por abrazar los potenciales liberadores de la modernidad.

La Escuela Nacional de Teatro de Norten es un edificio que será visto mucho más allá de las fronteras de México. Una inmensa cubierta abultada de siete pisos de altura que se extiende en volúmenes independientes para albergar la biblioteca, las aulas y el teatro, constituye su

Fig. XIV

Fig. XV

co. An immense seven-storey bulging carapace extended over independent volumes for the library, classrooms, and theater, is his largest and most successful project to date. The generous shell, exposed on its short sides to allow for natural ventilation, creates a truly "dramatic" semi-enclosed space, and inspires the kind of vertiginal feeling one gets inside of an airplane hangar. The interior is structured around different levels of terraces, stairways, and glazed balconies that offer a variety of impromtu proscenia and viewpoints, suitable for performance purposes. Without relying on the historical forms of the theater, the arrangement of elements inside the shell induces the sort of reflexivity that is the essence of theater. The National Drama School is a triumph of engineering, involving Ove Arup as consultants and shipping the steel beams to Houston to be bent into their eliptical shapes. Redwood slats, imported from California, are used to shade the southern facades. Both in its technological and material choices the Drama School engages Mexico in an international system of exchange.

Flexible Mexico

To an outsider like myself, the aesthetic impression of Mexico will always remain stronger than the details of its social and political situation. But in light of the dramatic events that occured while I was preparing these reflections on recent Mexican architecture, when the once booming Mexican economy precipitously lost its credibility, and some of the major political players were implicated in charges of corruption, drug running, and assassination scandals, it is almost impossible not to wonder about the connections of these historical circumstances to architecture. During the Salinas presidency, Mexico acquired a new international image as a good place to do business, assimilating the developmental practices of what the geographer David Harvey calls "flexible accumulation", that is the tendency for computerized information technologies to make the fluidity of capital lending policies as unregulated as the local labor market.[4] The subsequent boomtown atmosphere, full of instant symbols of globalizied consumer culture, becomes most evident when one drives west on the new freeway connecting Mexico City to Toluca through a district known as Santa Fe. Once a dumping site, infamous for its slums and shanties (Mario Pani built a very interesting low-cost housing estate here in the 1950s), Santa Fe has been transformed in less than a decade from a previously forlorn valley into glittering business parks with monumental buildings by famous architects such as Legorreta and González de León [figs. XVI & XVII]. There are also nearby residential suburbs stocked with single-family houses that are too big for their sites. Villa Saltiel by Albin, Vasconcelos, and Elizondo, is an exceptional design of quality in the Bosques de las Lomas district that quietly recedes into its side and lets one tower extend to gather light and a second tower serve as a plaform for a sculpturally arranged satellite dish.

The Santa Fe district is an environment that might easily be mistaken for the information economy outskirts of Atlanta or Dallas, where some of the same corporations have built headquarters, and is indicative of the kind of economically segregated development induced by economic deregulation and indirect government

mayor y mejor obra hasta la fecha. La generosa cubierta-caparazón abierta en sus lados más cortos para permitir la ventilación natural recrea un espacio semicubierto –en realidad "teatral"– y, simultáneamente, sugiere el mismo sentimiento de vértigo que se siente dentro del hangar de un avión. El interior se estructura alrededor de distintos niveles de terrazas, escaleras y tribunas acristaladas que ofrecen una variedad, muy adecuada con los objetivos de la representación, de *impromtu proscenia* y puntos de vista. La distribución de los elementos en el interior de la cubierta no está basada en las formas históricas del teatro, pero incita al tipo de reflexión que simboliza la esencia de éste. La Escuela Nacional de Teatro es un triunfo de la ingeniería. En esta obra se ha involucrado a Ove Arup como consultores y se han enviado vigas metálicas a Houston para que las doblaran y les dieran forma elíptica. Lamas de madera de secuoya importadas de California son utilizadas para dar sombra a las fachadas que miran al sur. Tanto en la elección de materiales como en su tecnología, la Escuela de Teatro sitúa a México en un sistema de intercambio internacional.

México flexible

Desde mi condición de espectador, la impresión estética de México siempre permanecerá más fuerte que los aspectos de su situación política y social. Pero a la vista de los dramáticos acontecimientos que tuvieron lugar mientras estaba preparando estas reflexiones sobre arquitectura mexicana reciente (cuando la hasta entonces boyante economía mexicana perdió precipitadamente su credibilidad y algunos de los principales representantes políticos resultaron implicados en escándalos de corrupción, tráfico de drogas y asesinato), me resulta casi imposible dejar de preguntarme por las conexiones entre estas circunstancias históricas y la arquitectura. Durante la presidencia de Salinas, México adquirió una nueva imagen internacional de país donde hacer negocios, asimilando las prácticas de desarrollo que el geógrafo David Harvey ha denominado "acumulación flexible", es decir, la tendencia hacia la informatización de las tecnologías de la información a fin de establecer una fluidez en la política de préstamos tan irregular como el mercado laboral local.[4] La consiguiente atmósfera de ciudad *boom*, repleta de símbolos instantáneos aptos para el consumo globalizador de la cultura, se hace más evidente cuando uno se dirige hacia el oeste por la nueva autopista que conecta la ciudad de México con Toluca, a través del barrio de Santa Fe. Este barrio, que anteriormente era un vertedero conocido por sus tugurios y chabolas (en el que Mario Pani construyó unas viviendas de protección oficial en los años cincuenta), se ha transformado, en menos de una década, en una zona de relucientes parques de negocios, con edificios monumentales realizados por famosos arquitectos como Legorreta y González de León (figs. XVI y XVII). En los alrededores, encontramos suburbios residenciales repletos de desmedidas viviendas unifamiliares. La villa Saltiel de Albin, Vasconcelos y Elizondo es una obra de una calidad excepcional. Está situada en la zona de Bosques de las Lomas, retrayéndose de forma silenciosa en su terreno y permitiendo que una torre se alargue para obtener luz, mientras que una segunda torre es utilizada como

subsidies in the form of infrastructural investments and tax incentives for speculators. Now that the colossal dimensions of Mexico's financial crisis are known, it seems certain that most of the unfinished highrises for corporate offices and luxury condominiums that were under construction until December, 1994, will languish as ruins because of the limited market for such speculative projects [fig. XVIII].

The preeminent spokesman of Mexican culture, Octavio Paz, has a long-standing interest in architecture and recently wrote these paradoxical lines on the political significance of architecture from which I have extracted the title for my essay: "The fearful fate of architecture: in the public plaza, as perfect as a circle or a rectangle, facing the Palace of Justice and the Temple, geometries that have turned into a shape and a presence, the people hail the demagogue, stone the heretic, condemn the learned man, or are murdered by undisciplined troops. Architecture is always the witness, not the accomplice of these disorders; and what is more, it is a silent reproach: those who are wise and good see in the balance of its forms the image of justice."[5]

Fig. XVI

While there must be some truth to the notion that the value of any building will transcend its political circumstances with time to become an essay in taste and civility, buildings, especially the garish products of international speculative capital, have an ineluctible way of loudly testifying about a society's misuse of resources. One of the best examples is in fact in the heart of Mexico City, where the dome of the structure initiated as Mexico's new Palace of Legislative Government in 1910 under the dictatorship of Porfirio Díaz, was transformed into a permanently unfinished symbol of the old regime's injustice as the Monument to the Revolution in 1938 [fig. XIX].

Fig. XVII

Some sense of the political conditions of recent Mexican architecture emerges by examining the type of commissions and the patronage of the projects chosen for this book. During the last few years there seems to have been, for instance, few significant state sponsored housing projects or educational institutions, the type of programs that previous administrations had used for promotional purposes to demonstrate the commitment to social issues. Norten's infill housing for INFONAVIT in the historic center next to the church of Santa Catarina and Zabludovsky's larger complex, La Cantera, are unique examples of recent quality designed state-sponsored housing.

Flexible accumulation in Mexico was assisted by major public expenditures for infrastructure, mostly for freeways, some of which are toll-roads and thus favor an elite clientele. There was on the other hand the completion of the tenth subway line, a service available to most classes. The stations designed by Isaac Broid, Aurelio Nuño y Carlos McGregor as generous metallic vaults held up by red steel tubes, are notable contributions to the public realm.

The "silent reproach" of contemporary Mexican architecture is probably best registered in the fine collection of new public buildings finished in the last four years and in the attention given to

plataforma para una antena parabólica dispuesta de forma escultórica.

El ambiente del barrio de Santa Fe podría confundirse fácilmente con los alrededores de ciudades como Atlanta o Dallas dedicados a los negocios de la información, donde las mismas empresas han construido sus sedes. Esta atmósfera es indicativa del tipo de desarrollo económico segregado al que ha conducido la falta de regulación económica y las ayudas indirectas del gobierno dirigidas a los especuladores en forma de inversiones de infraestructura y de incentivos fiscales. Actualmente, cuando las colosales dimensiones de la crisis financiera mexicana son del dominio público, parece probable que la mayor parte de los rascacielos inacabados (destinados a albergar oficinas para las empresas multinacionales) y los apartamentos de lujo (que se encontraban en proceso de construcción en diciembre de 1994) languidecerán hasta convertirse en ruinas debido a las limitaciones del mercado en cuanto a este tipo de proyectos especulativos se refiere (fig. XVIII).

Fig. XVIII

Octavio Paz, el preeminente portavoz de la cultura mexicana, mantiene un duradero interés por la arquitectura y, hace poco tiempo, escribió este paradójico texto sobre la significación poética de la arquitectura, del cual he extraído el título para mi texto: "El temeroso destino de la arquitectura: en la plaza pública, tan perfecta como un círculo o un rectángulo, enfrente del Palacio de Justicia y del Templo, geometrías que se han convertido en forma y presencia, el pueblo saluda al demagogo, lapida al hereje, condena al hombre sabio o es asesinado por tropas indisciplinadas. La arquitectura siempre es testigo, no cómplice, de estos desórdenes; y lo que es más, es un reproche silencioso: los que son sabios y buenos ven en el equilibrio de sus formas la imagen de la justicia".[5]

Fig. XIX

Mientras que la noción de que con el tiempo el valor de cualquier edificio trasciende a sus circunstancias políticas para convertirse en un ejemplo de gusto y civismo, entraña alguna verdad, los edificios –especialmente los que son vistosos productos resultantes del capital especulativo internacional– testifican, ineludiblemente, el mal uso de los recursos de una sociedad. De hecho, uno de los mejores ejemplos se encuentra en el corazón de la ciudad de México, donde la cúpula de la estructura iniciada como el nuevo Palacio Legislativo del gobierno mexicano en 1910 bajo la dictadura de Porfirio Díaz fue transformada en un símbolo permanentemente inacabado de la injusticia del antiguo régimen, en el Monumento a la Revolución de 1938 (fig. XIX).

Si examinamos el tipo de encargo y la clientela de los proyectos presentados en este libro, nos haremos una idea de las condiciones políticas de la arquitectura mexicana reciente. Por ejemplo, durante los últimos años, no ha habido demasiados proyectos de viviendas de protección oficial o de instituciones relacionadas con la educación –tipologías que las anteriores administraciones utilizaron con fines promocionales para manifestar un compromiso social–. Las viviendas en hilera de Norten para Infonavit, situadas en el centro histórico, cerca de la iglesia de Santa Catarina, y el gran complejo de Zablu-

rehabilitating the historic structures of the colonial city. One of the significant government-sponsored projects is Zabludovsky's theater, in Tuxtla Guttierez, a southern city in the strife-ridden province of Chiapas. The design with its grand platforms and heroically assembled volumes appears to have a diplomatic purpose, as a cultural appeasement for the disaffected region, where the exploitation of the largely indigenous population by a land-owning elite led to armed rebellion. Architecture may retain its inherent aesthetic value, but in a case like this it clearly participates in policy. This is not due to any initiative by the architect, who has created as decent and beautiful an environment as his talents permit, but it is rather the agenda of the program.

Back in the capital the estranged partner, González de León, has built several representative works during the past four years, including a state publishing institution, the Fondo Cultural Económico (presided over by a previous president, de la Madrid), a soaring concrete structure with a semicircular patio that is skewered by an adventurous steel trussed bridge on the tenth storey, his most Constructivist design. He also designed the ponderous Palacio de Justicia (1992, with Francisco Serrano) with its immense frontis piece of frames within frames, as well as a monumental corporate headquarters building for the American computer giant, Hewlett-Packard (1994), in the Santa Fe district, next to the campus of the Universidad Iberoamericana.

The historic center of Mexico City is stocked with magnificient baroque palaces and was declared by UNESCO as a World Heritage Site. During the Salinas government 688 buildings were marked for restoration and several of these are the most inspiring works of the moment. Some of the interventions are passive conservation, such as Legorreta's retrofit of the Colegio de San Idelfonso into a museum, which again relies more on paint than on technology. His method is to clarify the existing structure and add modern conveniences without disturbing the old forms. The glow of yellow and orange rooms, while it does not physically change the convent, creates a new psychological space. Zabludovsky and González de León, who collaborated on the superb addition to the Banamex headquarters on Calle Isabel la Católica, demonstrate a more aggressive technique by using their vocabulary of concrete brise soleils to reiterate the scale and rhythm of the fenestration of the existing baroque facade. The dried blood color of the traditional tezontle revetment is subtly contrasted with their universal pink pebbled aggregate [fig. XX]. Zabludovsky was in charge of the transformation of the old tobacco factory, known as la Ciudadela, into the Biblioteca Pública. In the same compound of the Ciudadela Isaac Broid has demonstrated the younger generation's method of letting modern technology stand apart from history and tradition in the photography gallery, the Centro de la Imagen: a steel-framed passarelle, which gives access to mezzanine galleries, moves on a diagonal from room to room, destabilizing the conventional enfillade. A similar strategy informed the design of the Centro Cultural library adjacent to the convent of San Domingo by Aja, Ondarza y Santos, where light trusses carry a single vault over the patio and the spaces are divided by the

dovsky, La Cantera, son los únicos ejemplos del reciente diseño de viviendas de protección oficial de calidad.

La acumulación flexible en México se apoyó en un gasto público importante en cuanto a infraestructura, sobre todo en lo que se refiere a la construcción de autopistas, algunas de las cuales son de pago y, por lo tanto, favorecen a una clientela de elite. Por otro lado, también tuvo lugar la finalización de la línea 10 del metro, un servicio accesible a la mayoría de las clases sociales. Las estaciones proyectadas por Isaac Broid, Aurelio Nuño y Carlos MacGregor, en forma de amplias bóvedas metálicas sostenidas por tubos de acero rojo, son destacables contribuciones a la esfera pública.

Probablemente donde el "reproche silencioso" de la arquitectura mexicana quede mejor reflejado sea en la hermosa colección de nuevos edificios públicos finalizados en los últimos cuatro años, y en la atención prestada a la rehabilitación de las estructuras históricas de la ciudad colonial. Uno de los proyectos estatales más representativo es el teatro de Zabludovsky en Tuxla Gutiérrez, una ciudad del sur situada en el conflictivo estado de Chiapas. Esta obra, con sus imponentes plataformas y volúmenes heroicamente yuxtapuestos, parece tener una finalidad diplomática, como atención cultural hacia la afectada región en la cual la explotación de la amplia población indígena por parte de la clase terrateniente condujo a la rebelión armada. La arquitectura puede retener su valor estético inherente pero en un caso como este interviene claramente en política. Dicha intencionalidad no se debe a una iniciativa del arquitecto, quien ha creado un ambiente tan válido y hermoso como su talento se lo ha permitido, sino, más bien, a una cuestión de programa.

De regreso a la capital, González de León, exsocio de Zabludovsky, ha construido, durante los últimos cuatro años, diversos edificios representativos entre los cuales se encuentra una institución editorial del estado, el Fondo de Cultura Económica (presidido por Miguel de la Madrid, anterior presidente del país). Se trata de su proyecto más constructivista: una estructura altísima de concreto con un patio semicircular atravesado por un osado puente de estructura de acero situado en el décimo piso. González de León también ha proyectado el sólido Palacio de Justicia (1992, con Francisco Serrano), con su inmenso frontispicio enmarcado, así como el monumental edificio para las oficinas de la gigantesca empresa informática Hewlett-Packard (1994), situado en la zona de Santa Fe y cercano al campus de la Universidad Iberoamericana.

El centro histórico de la ciudad de México está repleto de magníficos palacios barrocos y fue declarado Monumento Histórico por la UNESCO. Durante el gobierno de Salinas, se decidió la restauración de 688 edificios y, precisamente, las restauraciones de algunos de estos edificios constituyen las intervenciones más interesantes del momento. Algunas intervenciones se limitan a la restauración pasiva como es el caso de la reconversión de Legorreta del Colegio de San Ildefonso en museo, remodelación que, de nuevo, se apoya más en el color del material

subtle infill of perforated metals. Luis Vicente Flores at the Galeria de Arte Alternativa in the convent, known as X-Teresa, follows a method of intervention derived from the exquisite museum installation of Carlo Scarpa, by providing a modern technological infrastructure that is distinct from the historical building and allows one to appreciate both new and old on their own terms.

The maintenance of the historic patrimony of the colonial city is another means of keeping Mexico City small. There is of course the danger of turning the historic center into a museum and emptying it of real life. Norten's infill housing at Santa Catarina, a unique effort to serve low-income housing in the center, should be studied in this respect as a means of resisting the tendency toward museality. The prodigious amount of public life in the historic center, where the Zócalo is occupied regularly for political demonstrations and the downtown streets are brimming with street vendors, religious festivals, wandering mariachis, and a few tourists, indicates that there is no current risk of social sterility. The care and creativity involved in saving Mexico's historic buildings, as well as the impressive supply of new buildings for public institutions in other parts of the city, are part of an architectural strategy, which may not absolve the recent politicians or improve the economic dilemma, but will remain as a benificent social investment that endures beyond the terms of these conditions.

[1] *Diane E. Davis,* Urban Leviathan, Mexico City in the 20th Century, *Philadelphia: Temple University Press, 1994, 295-300. Unlike other large Latin American metropolises such as Sao Paulo, Buenos Aires, Caracas and Santiago, Mexico City has resisted dense urban development, according to Davis because of the prevalence of its one party political system and "the overlap of local and national institutions and objectives".*

[2] *Angela Giral, "Mexican Exceptionalism: The Continuity of Culture in Mexican Architecture",* Design Book Review *32-33, Spring 1994, 55. Ramírez Vázquez actively encouraged an indigenous spirit in Mexican architecture as the first president of Universidad Autónoma Metropolitana and author of 4000 años de arquitectura mexicana (1956).*

[3] *Wayne Attoe, ed.,* The Architecture of Ricardo Legorreta, *Austin: University of Texas Press, 1990, 11.*

[4] *David Harvey,* The Conditions of Postmodernity, An Enquiry into the Origins of Cultural Change, *Oxford, Basil Blackwell, 1989, 189-197.*

[5] *Octavio Paz,* Essays on Mexican Art, *trans., Helen Lane, NY: Harcourt Brace, 1993, 5 (italics are mine).*

pictórico que en la tecnología. Su intervención consiste en adecentar la estructura existente y añadir comodidades modernas sin perturbar, con su actuación, las antiguas formas. La luminosidad de las salas amarillas y naranjas no cambia físicamente el convento pero crea un espacio psicológicamente nuevo. Zabludovsky y González de León, que colaboraron en la espléndida ampliación de las oficinas centrales de Banamex en la calle de Isabel la Católica, muestran una técnica más agresiva al utilizar su vocabulario de *brise-soleil* de concreto para reiterar la escala y el ritmo de las aberturas de la fachada barroca existente. El color rojo sanguíneo del tradicional revestimiento de *tezontle* contrasta sutilmente con el rosa del material añadido por ellos (fig. XX). Zabludovsky es el responsable de la transformación de la antigua fábrica de tabacos, conocida como la Ciudadela, en biblioteca pública. De forma parecida a la Ciudadela, Isaac Broid ha mostrado, en una nueva galería de fotografía denominada Centro de la Imagen, cuál es el sistema utilizado por la nueva generación al permitir que la tecnología moderna se sitúe al lado de la historia y la tradición. Broid ha colocado una pasarela de estructura metálica, que permite el acceso a las galerías del altillo y se mueve diagonalmente a través de las salas, desestabilizando la visual convencional. Una estrategia parecida conforma el proyecto de la Biblioteca del Centro Cultural adyacente al Convento de Santo Domingo, obra de Aja, Ondarza y Santos, donde una ligera armadura sustenta una única cubierta sobre el patio, y donde los espacios se dividen mediante el sutil juego de mamparas metálicas perforadas. En la Galería de Arte Alternativo, conocida como X'Teresa, Luis Vicente Flores sigue un método de intervención derivado de las exquisitas instalaciones museísticas de Carlo Scarpa; proporciona una infraestructura tecnológica moderna distinta del edificio histórico que permite apreciar ambas estructuras, la nueva y la antigua, en sus propias condiciones.

Fig. XX

El mantenimiento del patrimonio histórico de la ciudad colonial es otra forma de conservar la pequeñez de la ciudad de México. Es obvio que existe el peligro de convertir el centro histórico en un museo vacío de vida real. Las viviendas en hilera de Norten en Santa Catarina, una iniciativa singular para proporcionar viviendas de bajo coste en el centro de la ciudad, deberían ser consideradas, en este sentido, como una forma de contener la tendencia hacia la museabilidad. La prodigiosa cantidad de vida pública que tiene lugar en el centro histórico –donde el Zócalo es ocupado regularmente por manifestaciones políticas y sus calles rebosan de vendedores callejeros, fiestas religiosas, mariachis errantes y unos pocos turistas– es indicativa del escaso riesgo que existe, de caer en la esterilidad social. El cuidado y la creatividad existente en la preservación de los edificios históricos de México, así como el impresionante suministro de nuevos edificios para instituciones públicas construidos en otras áreas de la ciudad, forman parte de una estrategia arquitectónica que no absuelve a los políticos recientes ni contribuye a mejorar el dilema económico, pero que pervive como una inversión social beneficiosa que se mantiene más allá de las circunstancias de estos condicionantes.

[1] Diane E. Davis, *Urban Leviathan, Mexico City in the 20th Century,* Temple University Press, Filadelfia, 1994, pp. 295-300. A diferencia de otras metrópolis latinoamericanas como São Paulo, Buenos Aires, Caracas y Santiago, la ciudad de México se ha resistido a la densidad urbana y, según Davis, este hecho es debido a la prevalencia de un sistema político unipartidista y a "el solape entre las instituciones locales y nacionales y sus objetivos".

[2] Ángela Giral, "Mexican Exceptionalism: The Continuity of Culture in Mexican Architecture", en *Design Book Review* 32-33, Primavera 1994, p. 55. Ramírez Vázquez promovió activamente el espíritu indigenista en la arquitectura mexicana desde su puesto de primer presidente de la Universidad Autónoma Metropolitana y desde su libro *4000 años de arquitectura mexicana (1956).*

[3] Wayne Attoe (ed.), *The Architecture of Ricardo Legorreta,* University of Texas Press, Austin, 1990, p. 11. Edición mexicana: *La arquitectura de Ricardo Legorreta,* México D.F., Limusa, 1991.

[4] David Harvey, *The Conditions of Posmodernity. An Enquiry into the Origins of Cultural Change,* Basil Blackwell, Oxford, 1989, pp. 189-197.

[5] Octavio Paz, *Essays on Mexican Art,* New York, Hartcourt Brace, 1993.

Los recientes 90's
Humberto Ricalde

The recent 90s
Humberto Ricalde

Antecedente

Por razones del oficio, de su didáctica y de su necesaria crítica, los últimos cuatro años han propiciado un estrecho contacto con la producción reciente de la arquitectura mexicana. Por la mesa de dibujo, desde la cual la presente reflexión está escrita, han pasado un sinnúmero de obras (croquis de autor, planos técnicos, indispensables cortes e isométricos, múltiples imágenes fotográficas) cuya primera lectura gráfica ha incitado a la visita *in situ*.

No siempre, como es comprensible, la primera aproximación –la gráfica– ha sido respaldada por la segunda, muchas de las obras propuestas para su publicación aquí o en otros medios, han resultado ser tan solo frutos de un hábil medio gráfico y/o fotográfico; esta misma experiencia se ha repetido al visitar obras publicadas en otras panorámicas de la arquitectura mexicana de reciente aparición.

La información detallada y la vivencia de las obras han sido el antecedente insoslayable de estos párrafos, que quieren ser punto de apoyo para un diálogo con el lector de arquitectura, en vez de distantes prescripciones o inútiles taxonomías. Su contenido tiene la intención de proporcionar a ese lector una muestra significativa y lo más amplia posible de los muy recientes años 90, siempre dentro de los límites lógicos en toda publicación de este género, de la *calidad* propositiva tanto espacial cuanto tectónica, de obras que se integran al amplio caudal de la arquitectura construida, cada año, en un país de múltiples vertientes culturales como es México.

Estas múltiples vertientes, tanto internas como externas, componen un vasto panorama de artes y, por lo tanto, de arquitecturas, que perfila el horizonte en el que hay que escudriñar al tratar de reflexionar sobre cada obra de una selección como la presente. Bastaría una somera visión de la arquitectura prehispánica o de la arquitectura colonial para entender la variedad de razonamientos espaciales, sean éstos el rigor del pensamiento geométrico tolteca, la expresión orgánica del pensamiento maya o la lúdica luminosidad del barroco, que anteceden, con su invención tectónica siempre renovada, a la arquitectura moderna mexicana de este siglo que ya ha entrado en su última década.

Aspectos base

Es, por lo tanto, importante subrayar dos aspectos que caracterizan la producción artística y arquitectónica de México: la capacidad ancestral de interpretación de las corrientes de pensamiento, de muy variada tendencia, que han influido en nuestras culturas y la dinámica de transvase cultural que implican los medios de información actuales a nivel mundial. Hay que unir a los aspectos anteriores, la calidad de la factura de la mano de obra mexicana, bien que ésta maneje la ancestral piedra volcánica o los modernos aceros de alta resistencia; tercer

Background

For professional reasons, of the teaching and necessary critique of architecture, the last four years have brought me into close contact with the recent production of Mexican architecture. Across my drawing table, on which the present reflections are being written, there have passed an infinity of works (architects' sketches, construction plans, indispensable sections and isometrics, numerous photographic images), a first reading of which has led to in situ visits.

By no means in every case, understandably, has the first engagement –the graphic– been borne out by the second; many of the works submitted for publication here or in other media have proved to be nothing more than the products of a skilful graphic and/or photographic presentation; the same experience was repeated on visiting works published in other panoramas of Mexican architecture that have appeared recently.

Detailed information and direct experience of the works have been the indispensable background to these paragraphs, which seek to offer a point of support for a dialogue with the readers of architecture, rather than distant prescriptions or useless taxonomies; their content reflects the intention of presenting these readers with a significant and as wide as possible a sample of the very recent 1990s, always within the parameters –logically necessary in any publication of this kind– of the quality of the proposal in spatial and tectonic terms, of works that take their place in the broad stream of the architecture constructed each year in a country with the multiple cultural facets that Mexico possesses.

These multiple facets, both internal and external, compose a vast panorama of arts and thus of architectures, drawn by the horizon which we must explore in seeking to reflect on each work within a selection such as this. A superficial look at pre-Hispanic or colonial architecture would suffice for an understanding of the sheer variety of spatial rationales, whether these be the rigour of Toltec geometrical thinking, the organic expression of Mayan thought, or the ludic luminosity of the Baroque, which precede, with their continually renewed tectonic invention, the modern Mexican architecture of this century that is now in its last decade.

Basic aspects

It is therefore important to emphasize two aspects which characterize Mexico's artistic and architectural production: the ancestral capacity for interpretation of the currents of thought, of the most varied tendencies, that have had an influence on our cultures, and the dynamic of cultural transfer involved in today's information media world-wide; we should add to the above aspects the quality of finish of Mexican workmanship, whether this is occupied with the handling of the ancestral volcanic stone or modern high-tension steels, the third indispensable aspect in any criti-

aspecto, éste, irrenunciable en toda consideración crítica de las obras representativas de un período artístico en México.

Como puede comprenderse, es en la intersección de estas consideraciones donde debe situarse no sólo la producción reciente de arte y arquitectura mexicanos sino, acotando los alcances de la información llegada, toda ella desde el año 1500, cuando la cultura de Occidente irrumpió en nuestro ámbito histórico y se inició una reflexiva labor de constante interpretación y aclimatación de la misma, que permea nuestra actitud y expresión cultural hasta hoy e identifica las obras aquí presentadas.

Hoy, al vasto campo de lenguajes arquitectónicos abiertos a la dinámica constante de cambio –que es consustancial a la informática como sino de nuestro tiempo– tienen su contrapartida, en México, en la perspectiva de un largo período de génesis y evolución, donde la ideación espacial está llena de contradicciones y diálogos complejos, que sólo pueden ser entendidos cabalmente en su doble dinámica de movimiento cultural propio y de respuesta a las corrientes de reformulación crítica de la arquitectura, en el ámbito internacional, a partir de la década de los 60 de este siglo.

Devenir cultural

Ante la imposibilidad de hacer un análisis abarcante de todas las expresiones arquitectónicas en un país con un horizonte cultural tan amplio, las obras aquí presentadas son una muestra significativa de un vasto campo de lenguajes mucho más dinámicos y abiertos a la interpretación, al cambio y a la raigambre cultural de México, a pesar de las posiciones que aún suspiran por la fácil identidad de una expresión originaria en el medio del arte y la arquitectura mexicana, en un mundo donde, según André Gide: "buscar nuestra esencia entraña un grave peligro: encontrarla" y, más ahora, en tiempos del pensamiento tardomoderno que ha subrayado, más allá de los dogmatismos de tinte vario, que toda cultura es el resultado emergente de un devenir al que alimentan el cruce de ideas, de conocimientos, de búsquedas, etc., y que, si hay una identidad, un origen, éstos no se heredan en bloque sino que están arraigados en una actitud y una calidad, culturales también, que propician su replanteamiento constante, en un inédito acto de modernidad.

Este acto de modernidad se da en nuestra época, vale la pena insistir, dentro de un ambiente de extrema indefinición en el amplio campo del pensamiento y de su sustento social y económico; consecuencia de un vasto reacomodo de sistemas políticos, de áreas económicas y de indefinibles fronteras; en un mundo cambiante, como hemos anotado, tanto en la cultura en general como en la arquitectura en particular.

Así, las mismas orientaciones culturales hacia lo propio, hacia lo regional, se producen –hay que tenerlo presente– en un mundo donde la informática nos mantiene bajo un alud de influencias, de ideas, no siempre discernibles, dada la premura de su presencia en nuestro espectro cultural cambiante, tal como si ya viviéramos dentro de una esfera electrónica de conocimien-

cal consideration of the works which represent a period in Mexico's artistic development.

As may be readily appreciated, it is in the intersection of these considerations that we must situate not only the recent production of Mexican art and architecture but a survey of the scope of the information at our disposal, since that moment in the early 16th century when European culture irrupted into our historical ambit and initiated a reflexive endeavour of constant interpretation and acclimatization of this, permeating our cultural attitude and expression down to the present time and identifying the works included here.

Today the vast range of architectural languages open to the constant dynamic of change, which is consubstantial with information technology as the destiny of our time, finds its counterpart in Mexico in the perspective of a long period of genesis and evolution, where the spatial conception abounds in contradictions and complex dialogues that can only be fully understood in terms of the double dynamic of their own cultural movement and in their response to currents in the critical reformulation of architecture on the international level since the 1960s.

Cultural evolution

In view of the impossibility of carrying out an analysis that would embrace all the architectural expressions of a country with such wide cultural horizons, the works presented here are a significant sample of a great diversity of languages that are far more dynamic and open to interpretation, to change and to the cultural roots of Mexico, despite those positions which still yearns for the easy identity of an original expression in the medium of Mexican art and architecture; in a world in which, according to André Gide, "the search for our essence carries a grave danger: finding it", and all the more so now in the era of a late-modern thought that has underlined, beyond dogmatisms of different hues, the fact that all culture is the manifest outcome of an evolution nourished by the crossing of ideas, knowledges, researches, etc.; and that if there is an identity, an origin, these are not inherited en masse but are rooted in an attitude and a quality –also cultural– that are conducive to their continual repositing, in an unexpected act of modernity.

This act of modernity manifests itself in our time, it is worth insisting, within a context of extreme vagueness in the wider field of thought and its social and economic underpinning; the consequence of a vast readjustment of political systems, economic areas and indefinable frontiers; in a changing world, as we have noted, as regards both culture in general and architecture in particular.

Thus the same cultural orientations towards the autochthonous, towards the regional, are produced –it is important to bear in mind– in a world in which information technology subjects us to a continual avalanche of influences, of ideas, not always clearly discernible given the pressure of their presence in our changing cultural spectrum, as if we were already living in an electronic sphere of knowledge –a cybernetic gnoosphere– which we have not yet come to understand in full.

to –una nosfera cibernética– que aún no alcanzamos a aprehender del todo.

Vertientes múltiples

Si la complejidad cultural, como hemos afirmado, ha caracterizado desde siempre la dinámica del pensamiento arquitectónico en México, la nueva situación arriba apuntada, a nivel de cultura mundial, está contribuyendo, en nuestros días, a una mayor diversidad de vertientes arquitectónicas en estos recientes años 90.

En los últimos años, las búsquedas de las décadas anteriores están reforzadas por un concepto amplio de región, de lugar, entendido no sólo como geografía e imagen figurativa tradicional, sino también como herencia histórica amplia de la misma modernidad del siglo XX, con su radical racionalismo, con su fuerza implícita de vanguardia.

Estas búsquedas han adquirido relieve en la arquitectura mexicana desde hace una década y preludian los años 90 en los que ya no es posible hablar de una o varias arquitecturas de tendencia, sino que hay que enfrentarse a un panorama amplio de autores que pueden variar rumbo según la naturaleza y el enfoque del problema que abordan, según los sitios donde construyen, según las técnicas constructivas del lugar y que, además, pueden, en muchos casos, contrastarse con las últimas expresiones arquitectónicas en boga a nivel internacional o con procedimientos altamente técnicos de construcción, creando expresiones complejas, contradictorias, y provocando tensiones de fuerte poética tectónica, en las que reside la calidad propositiva y polémica de muchas de las obras aquí presentadas.

Cánones variables

Podemos afirmar, pues, que la arquitectura mexicana de los muy recientes años 90, hasta antes de la profunda crisis que al momento de escribir estas líneas ha irrumpido en el ámbito del país, es una arquitectura de inquietante dinámica, de una inédita modernidad en la que la propia cultura entra en colisión con el cúmulo de información, a veces no digerida, recibida por sus autores. Esto quizá nos explicaría que la arquitectura más que querer tender hacia uno o varios paradigmas –como lo hizo hasta bien entrados los años 60– sea una arquitectura de cánones variables y aún impredecibles, con múltiples vertientes tanto figurativas como abstractas, abierta a múltiples lecturas ni siquiera unitarias, sino más bien fragmentarias, discontinuas, aun en un mismo autor.

Al avanzar en la lectura arquitectónica de las obras aquí presentadas, encontraremos también fuertes cargas semánticas, amplias aperturas a otros lenguajes, así como el uso simultáneo de más de uno de ellos; hasta poder hablar de tensiones sincréticas en un lenguaje con mayor gusto por la expresión figurativa, por lo virtual, por la memoria, por el diálogo, no dócil, con su tiempo y lugar, apoyado muchas veces en la reelaboración de las preexistencias, reales o virtuales, del sitio donde se construye.

Como arriba se apunta, el objetivo de esta reflexión no es una imposible clasificación o prescripción crítica de las obras que a continuación el

Multiple facets

If, as we have asserted, cultural complexity has been at all times the characteristic feature of the dynamic of architectonic thinking in Mexico, the new situation outlined above, on the global cultural level, is contributing in our time to a greater diversity of architectural facets in these recent 1990s.

In the last few years the investigations of the previous decades have been reinforced by a broad-based concept of region, of place, understood not merely as geography and figurative tradition but as the wider historical legacy of the very modernity of the 20th century, with its radical rationalism, with its implicit avant-garde strength.

These investigations have come to the fore in Mexican architecture over the past decade, and prefigure the 1990s, in which it is no longer possible to speak of one or various architectural movments; instead, we are faced with an entire panorama of architects who can vary their approach in line with the nature and framing of the problem they are confronting, according to the sites on which they are building, according to the construction techniques of the place; architects who can, moreover, in many cases offer a contrast with the latest vogues in architectural expression at the international level or with highly technical construction processes, creating expressions that are complex, contradictory, provoking tensions of strong tectonic poetics, in which resides the propositional and polemical quality of many of the works presented here.

Variable canons

We can thus affirm that the Mexican architecture of the very recent 1990s, up until immediately before the profound crisis that at the time of writing these lines pervades the country, is an architecture of a restless dynamic, of a startling modernity, in which the culture itself is in collision with the accumulated mass of information, frequently undigested, received by these architects. This may perhaps serve to explain why this architecture –rather than seeking to tend towards one or various paradigms, as it did until the 1960s were well advanced– is an architecture of variable an even unpredictable canons, with multiple aspects both figurative and abstract, open to muliple readings that are not unitary but fragmentary, discontinuous, even in the work of the same architect.

As we move forward in our architectural reading of the works presented here, we shall also find significant semantic contents, ample openings to other languages, together with the simultaneous use of more than one of these; to the point where we can speak of syncretic tensions in a language with a greater taste for figurative expression, for the virtual, for memory, for a far from docile dialogue with its time and place, very often grounded in the reworking of the existing elements, real or virtual, of the site on which it is constructed.

As we indicated above, the objective of this reflection is not some impossible classification or critical prescription of the works the reader will go on to analyse here; it seeks, nevertheless, to adopt a position with regard to the proposals

19

lector pasará a analizar; quiere, sin embargo, tomar posición con respecto a las propuestas contenidas en ellas, todas de calidad, aun cuando no se coincida, por fuerza, con sus lenguajes tectónicos o sus resultados finales con respecto al lugar, programa o expresión plástica.

Horizonte reciente

Las reseñas recientes de la arquitectura mexicana han subrayado, quizá en exceso, la presencia de la arquitectura tradicional mexicana en su momento colonial, en el lenguaje arquitectónico contemporáneo; vale la pena subrayar que este fenómeno de expresión plástica, cuyo cuño es siempre y unilateralmente atribuido a Luis Barragán, debiera ser enfocado con mayor precisión para evitar hacer de él una lectura ya de por sí estereotipada.

La obra de Luis Barragán es, quizá, el ejemplo más claro de la capacidad profunda de interpretación de los tres aspectos culturales, arriba anotados, que han alimentado nuestra expresión artística y arquitectónica; su arquitectura, sin embargo, ha sido poco analizada a este respecto y acríticamente se la ha repetido, considerándola como resultado único de la reinterpretación de los espacios coloniales, sin tomar en cuenta la decantada interpretación que ella contiene, de la tradición moderna del siglo XX; especialmente en la expresión de las vanguardias de inicio de siglo: neoplasticismo, racionalismo italiano, romanticismo nacional nórdico, etc.

En esta publicación, varias obras representan esta vertiente interpretativa, también asociada al lenguaje de los últimos decenios de Ricardo Legorreta; una visión crítica de ellas debe subrayar lenguajes tan contrastados como: la meditada poética espacial de Andrés Casillas, la voluntad del Grupo LBC de crear tensiones tectónicas, en esta expresión, acentuando contrastes mediante elementos de extrema modernidad técnica, o el manejo paisajístico y ambiental de los densos volúmenes y sus fuertes tonalidades, en el caso de José Iturbe y Javier Sordo Madaleno.

Otra vertiente arraigada en el pensamiento arquitectónico de México tiene sus raíces en una visión más integral del racionalismo del siglo XX, con ecos del purismo y también, a últimas fechas, del expresionismo; así como la interpretación de elementos, geométricos y volumétricos, de memoria prehispánica y colonial, del siglo XVI, especialmente.

Punto de arranque en esta vertiente de la arquitectura mexicana actual es la búsqueda constante de Teodoro González de León, con sorprendentes acentos innovadores en la obra aquí presentada. Emparentada con ella está la obra de quienes, en años anteriores y en sociedad con él, han producido edificios significativos en las últimas décadas en México, y que aquí están representados con dos obras personales: Francisco Serrano y Abraham Zabludovsky; a su vez, en la provincia yucateca, Augusto Quijano ha asumido esta expresión en compromiso con paisaje y tradición.

La reinterpretación, como *leitmotiv* cultural de estos años preñados de influencias, está presente, también de manera notoria, en los reciclajes

contained in these works, all of indisputable quality, even when this does not coincide, necessarily, with their tectonic languages or final results in terms of the place, programme or plastic expression.

Recent horizon

Recent reviews of Mexican architecture have underlined, perhaps excessively, the presence of the traditional Mexican architecture of the colonial period in the contemporary architectonic language; it is worth emphasizing that this phenomenon of plastic expression, the distinctive stamp of which is always and universally attributed to Luis Barragán, requires a more precise framing if the reading of it is to avoid the merely stereotypical.

The work of Luis Barragán affords perhaps the clearest example of the profound capacity for interpretation of the three cultural aspects identified above that have nourished our artistic and architectural expression; his architecture has nevertheless received little analysis in these terms, and has been uncritically repeated, and considered as the exclusive result of a reinterpretation of the colonial spaces, without taking account of the distilled interpretation contained within it of the modern tradition of the 20th century, and especially of the avant-gardes of the first part of the century: neoplasticism, Italian rationalism, Nordic national romanticism, and so on.

In the present volume, a number of works represent this interpretative approach, also associated with the language employed in recent decades by Ricardo Legorreta; a critical vision of these needs to underline such contrasting and contrasted languages as: the meditated spatial poetics of Andrés Casillas, the concern of Grupo LBC with creating tectonic tensions within this expression, accentuating contrasts by means of elements of extreme technical modernity, or the landscaping and environmental treatment of dense volumes and strong tonalities in the case of José Yturbe and Javier Sordo Madaleno.

Another approach with its roots in the architectonic thinking of Mexico is based on a more holistic vision of 20th-century Rationalism, embodying traces of Purism and also, latterly, of Expressionism, alongside the interpretation of elements –geometric and volumetric– belonging to pre-Hispanic and colonial memory, especially from the 16th century.

The starting point for this facet of current Mexican architecture is the constant labour of investigation carried out by Teodoro González de León, which endows the project presented here with surprising innovative accents. Closely related to this is the work of former partners of González de León who have produced, in recent decades in Mexico, a number of significant buildings, and are represented here by two highly personal schemes: Francisco Serrano and Abraham Zabludovsky. Meanwhile, in the province of Yucatán, Augusto Quijano has assumed this expression as part of his commitment to landscape and tradition.

Reinterpretation, as a cultural leitmotiv of these years laden with influences, is also notoriously

de espacios preexistentes, sean éstos de raigambre histórica como los intervenidos por Isaac Broid, por Luis Flores o por el grupo formado por Aja, Ondarza y Santos, o bien espacios más recientes históricamente, en los cuales, con igual cuidado y fuerza, ha intervenido Claudio Gantous.

En todos estos casos debe notarse la preocupación de los autores por entender lo que el edificio dice y, a partir de ahí, establecer un diálogo, logrado mediante meditados contrastes, con los espacios preexistentes, echando mano de gestos y elementos precisos para dejar la impronta del propio tiempo. Este diálogo, insistamos, reinterpreta y lleva a los edificios una atmósfera de profunda contemporaneidad al no rehuir al compromiso de dejar constancia de la acción reciente de un tiempo histórico sobre otro, heredado con la memoria de la obra intervenida. A su vez, cuando la intervención tiene repercusiones sobre el espacio urbano histórico, ese compromiso es también asumido, como lo hace Sánchez Arquitectos y Asociados en la obra aquí presentada.

Cuando de dialogar con contextos naturales o urbanos contemporáneos se trata, la interpretación está presente de manera más sutil, pero no por eso menos comprometida; bien podría afirmarse que establecer un diálogo con los espacios heredados de un edificio histórico es una suerte de contextualidad y, sin embargo, también intervenir dialogando con la quietud de un paisaje abierto o las limitantes de un lote residencial, tiene el compromiso de saber leer en preexistencias más lábiles, véase la manera en que lo logran, según sea el caso las obras aquí presentadas de Agustín Landa o de Albin, Vasconcelos y Elizondo.

Arriba queda advertida la voluntad, en México, de asumir la herencia misma de la modernidad del siglo XX, con sus radicales propuestas de un racionalismo integral a los avances técnicos en acelerado cambio. De esta posición, la arquitectura mexicana moderna ha ganado el impulso de fuertes tirones innovadores, si bien, en su momento, controvertidos por sus interpretaciones radicales a ultranza: véase a la luz de esta actitud, la obra del grupo TEN y como cierre promisorio, dada la juventud de los integrantes del grupo de proyecto, el edificio para los Tribunales Federales Electorales.

Sociedad y ciudades en cíclicas y recurrentes crisis son la trama en la que la arquitectura, que el lector analizará a continuación, se teje en contrapunto; una arquitectura que, con sus variadas interpretaciones y reformulaciones, es el testigo construido de una atmósfera de intensa movilidad intelectual, más allá de visiones localistas y crisis periódicas de identidad, en el panorama siempre cambiante de la amplia cultura de México.

present in the recycling of existing spaces, whether these are genuinely historic in character, as in the interventions carried out by Isaac Broid, by Luis Flores or by the Aja, Ondarza and Santos group, or of more recent origin, as in the equally considered and forceful interventions of Claudio Gantous.

In all of these cases we should take note of the architects' concern with understanding what the building itself says, before going on to establish a dialogue, achieved on the basis of carefully meditated contrasts, with the existing spaces, having recourse to precise gestures and elements in order to make apparent the stamp of our own time. This dialogue, it is worth emphasizing, reinterprets these buildings and endows them with an atmosphere of profound contemporaneity in refusing to evade the commitment to make manifest the recent action of one historical time on another, inherited from the memory of the work submitted to intervention. At the same time, when the intervention has repercussions on the historic urban space, this commitment is also firmly declared, as in the work by Sánchez Arquitectos y Asociados presented here.

When the issue is one of dialogue with natural or contemporary urban contexts, the interpretation is manifested more subtly, but no less resolutely; it might well be asserted that the establishment of a dialogue with the inherited spaces of a historic building is a kind of contextualization, and yet equally the intervention through dialogue with the quietude of the open landscape or the boundaries of a residential plot assumes the commitment of knowing how to read less stable existing elements, as will be seen in the way in which this is achieved in the works presented here by Agustín Landa or by Albin, Vasconcelos and Elizondo.

We have already noted the commitment in Mexico to embrace the heritage of 20th-century modernity itself, with its radical proposals for a rationalism fully integrated into rapidly changing technological advances. From this position, modern Mexican architecture has benefitted from the impetus of powerful innovative movements, even if these have been disputed at the time in relation to the extreme radicalism of their interpretations: consider, in the light of this attitude, the work of the TEN group and, to close on a note of great promise, given the youth of the members of the project team, the building for the Federal Electoral Tribunals building.

A society and cities in cyclically recurrent crisis are the framework within which the architecture that the reader will go on to analyze is woven in counterpoint; an architecture that with its varied interpretations and reformulations, is the built testimony to an atmosphere of intense intellectual mobility in the ever-changing panorama of the ample spectrum of Mexican culture.

México 90's
Una arquitectura contemporánea
Miquel Adrià

Mexico 90s
A contemporary architecture
Miquel Adrià

1

2

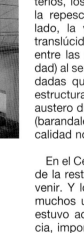

3

En México, como en otros lugares y a veces en otros tiempos, identificar un modo de hacer, un estilo, una actitud "correcta", con una tradición, como estímulo de la indentificación nacionalista, tiende a encauzar la creación hacia el estereotipo y la imitación devaluada del modelo seguido, frustrando la expresión de un país rico y complejo, capaz de asimilar la globalización actual de nuestro fin de milenio.

Esta selección, que como todas, tiene algo de subjetivo y arbitrario, pretende regirse sólo por la calidad arquitectónica, independientemente de las tendencias o escuelas a las que, abierta o veladamente, pertenezca cada autor. Por ello, comparten esta selección obras de arquitectos de consolidado prestigio nacional e internacional con jóvenes poco conocidos. También estilística y formalmente comparten el libro y la realidad arquitectónica mexicana corrientes tan diversas como el expresionismo volumétrico de Teodoro González de León y las abstracciones de elementos vernaculares de Ricardo Legorreta, en contraste con las obras de Enrique Norten, próximas a las corrientes internacionales del momento. Tipológicamente, este libro muestra desde remodelaciones en centros históricos, pasando por casas, hasta distintos tipos de edificios de nueva planta.

Diálogo con la historia
Tres obras de remodelación, interesantes formalmente, permiten ver entre líneas, tres actitudes muy contrastadas: la Biblioteca Nacional de Educación, el Centro de la Imagen y el Centro de Arte Alternativo X'Teresa.

Aja, Ondarza y Santos, autores de la primera (1), actúan con prudencia, quizá excesiva, en un edificio en ruinas. Recuperan los órdenes, los criterios, los materiales, y sólo intervienen cuando la repesca histórica no ofrece nada. Por otro lado, la virtualidad conceptual de la cubierta translúcida que cubre el patio para desaparecer entre las nubes pierde todo su valor (y virtualidad) al ser construida mostrando estructuras soldadas que no aportan demasiado ni formal ni estructuralmente. Sin embargo, en el cuidado y austero diseño de los elementos arquitectónicos (barandales, puertas, etc.), consiguen dar una calidad notable al edificio resultante.

En el Centro de la Imagen (2), Isaac Broid, lejos de la restauración y del autismo, opta por intervenir. Y lo hace en un edificio que, pese a sus muchos usos a lo largo de la historia, siempre estuvo activo. Broid interviene con contundencia, impone sus leyes, sus criterios, sus necesidades. Es conceptualmente claro y rotundo, resolviendo bien un programa que en unos años podría ser otro cualquiera. Este camino se reduce al absurdo cuando sus propias leyes lo acorralan y, por ejemplo, una columna de hierro colado se convierte en parte de un barandal que finalmente requiere de pasamanos de bronce, luneta de cristal, soportes de acero inoxidable...

In Mexico, as in other places and often in other times, the identification of a way of working, a style, a "correct" attitude, with a tradition, as a stimulus to nationalist identification, has tended to channel creativity in the direction of the stereotype and the devalued imitation of the model being imitated, frustrating the expression of a rich and complex country fully capable of assimilating the current globalization of this end of the millennium.

This selection, which like all those of its kind is somewhat subjective and arbitrary, sets out to attend exclusively to the quality of the architecture, irrespective of whatever movements or schools the individual architects may, openly or covertly, belong. Accordingly, the selection features works by figures of established national and international prestige alongside young and relatively unknown architects. In stylistic and formal terms, too, both this book and the realities of Mexican architecture are marked by currents as diverse as the volumetric expressionism of Teodoro González de León and the abstractions from vernacular elements of Ricardo Legorreta, in contrast to the work of Enrique Norten, close to the latest international movements. Typologically, this book ranges from conversions within historic urban centres, by way of private houses, to new buildings of various types.

Dialogue with history
Three remodelling schemes, formally interesting, allow us to discern three sharply contrasting approaches: the National Education Library, the Centre for the Image, and the X'Teresa Centre for Alternative Art.

Aja, Ondarza and Santos, the architects of the first (1) of these, have proceeded with great –perhaps excessive– prudence in a ruined building. They have reinstated the orders, the criteria, the materials, intervening only when strict historical recuperation has nothing to offer. On the other hand, the conceptual virtuality of the translucent roof which covers the courtyard before disappearing amongst the clouds loses all its value (and virtuality) in being constructed, revealing welded structures that contribute very little in either formal or structural terms. Nevertheless, in the careful and austere design of the architectonic elements (handrails, doors, etc.) they manage to endow the resulting building with notable quality.

In the Centre for the Image (2), Isaac Broid, far from restoration and autism, has opted to intervene. And he has done so in a building which in spite of its many changes of use throughout its history has always been active. Broid intervenes uncompromisingly, imposing his own laws, his criteria, his needs. Conceptually, his scheme is clear and rounded, very ably resolving a programme that within a few years may well be entirely different. This approach is reduced to the absurd when it is trapped by his own laws and, for example, a pillar of cast iron turns into part of

En cambio cuando se manifiesta la ambigüedad lejos de las leyes impuestas como en la fuente del patio de acceso, expresa una sensibilidad "scarpiana" rica en matices.

En el Centro de Arte Alternativo X'Teresa (3), Luis Vicente Flores, fiel a una cierta radicalidad no dialogante, es coherente en su propuesta: lo nuevo y lo viejo ni se tocan, ni se saludan, ni se guiñan. Un nuevo cuerpo de espaldas al existente resuelve las nuevas necesidades.

Paseo doméstico

Las tres casas que aquí se presentan tienen en común una serena discreción "mexicana" hacia el exterior. No hacen muecas al vecindario, a la galería, y, en cambio, desde la sencillez y elegancia de sus plantas, permiten a sus usuarios gozarlas por dentro. Comparten también el gusto por el paseo arquitectónico, por sugerir y dejar intuir el recorrido secuencial y el espacio.

Los autores de las tres casas pertenecen, según las clasificaciones más compartidas, a corrientes distintas. Casillas es el sereno intérprete del pensamiento de Luis Barragán; López Baz y Calleja (Grupo LBC) son elegantes intermediarios entre generaciones y estilos, y Albin, Vasconcelos y Elizondo son indiscutibles miembros de una joven generación más interesada en la calidad arquitectónica que en las reivindicaciones históricas.

La casa Saltiel (4), obra de estos últimos, se descubre tras un complejo recorrido de escaleras, pasillos exteriores y vistas cruzadas hasta llegar al distribuidor, auténtico corazón de la casa, coronado por un gran tragaluz.

A la casa Casillas (5) se accede entre la maleza por un zigzagueante pasadizo bajo y estrecho. Una secuencia de espacios in crescendo culmina en la sala cúbica de doble altura. Sus gruesos muros esconden una puerta, una escalera y un pasillito, que dan acceso directamente a la recámara principal.

La casa en el Pedregal (6), de LBC Arquitectos, opaca y muda por fuera, se abre a un patio interior que ofrece múltiples transparencias y reflejos entre las paredes de cristal y el espejo de agua.

Nuevos edificios públicos

Una de las obras más interesantes de estos años es el edificio del Fondo de Cultura Económica (7) de Teodoro González de León. Éste es, actualmente, uno de los arquitectos más comunicativos y dialogantes con las distintas generaciones aquí representadas.

La torre del Fondo de Cultura Económica no nace de líneas y planos, losas y columnas, sino de un volumen que se ha vaciado y del que no sabemos a qué escala está construido hasta tocarlo y medirlo. Un pequeño edificio posterior para seminarios se subordina, casi escondiéndose, con gran habilidad formal. Este conjunto es un hito urbano que conecta visualmente dos grandes edificios próximos, del mismo autor.

También en esta corriente, a veces llamada expresionismo volumétrico, está la rectoría de la

a balustrade that finally requires a bronze hand-rail, a glass lunette, stainless steel supports... By contrast, when ambiguity is manifested outside of these self-imposed laws, as in the fountain in the entrance courtyard, it expresses a sensibility redolent of Scarpa, rich in nuances.

In the X'Teresa Centre for Alternative Art (3), Luis Vicente Flores, faithful to a certain radical rejection of dialogue, is perfectly coherent in his response: the new and the old do not even touch, refusing to either engage or acknowledge one another. A new volume with its back to the existing resolves the new needs.

Domestic promenade

The three houses presented here have in common a serene "Mexican" discretion towards the exterior. They make no gestures towards their neighbours, do not play to the gallery, and instead in the simplicity and elegance of their plans allow their occupants to enjoy them from the inside. They also share a taste for the architectural promenade, for suggesting and leaving to intuition the sequential itinerary of the space.

The architects of these three houses belong, according to the most accepted classifications, to different currents. Casillas is the serene interpreter of the thinking of Luis Barragán; López Baz and Calleja (Grupo LBC) are elegant intermediaries between generations and styles, and Albin, Vasconcelos and Elizondo are indisputably members of a younger generation more concerned with architectural quality than in historical affirmations.

The Saltiel house (4), the work of the last mentioned, discovers itself by way of a complex itinerary of stairs, external corridors and crossing sightlines, concluding in the dining room, the true heart of the house, crowned by a large skylight.

In the Casillas house (5), entrance is afforded through the undergrowth by means of a zig-zagging passageway, low and narrow. A sequence of spaces in crescendo culminates in the cubic, double-height living room. Set into its thick walls are a door, a staircase and a little corridor, giving direct access to the main bedroom.

The house in El Pedregal (6), by LBC Arquitectos, opaque and mute on the exterior, opens onto an interior courtyard which offers multiple transparencies and reflections between the glass walls and the sheet of water.

New public buildings

Amongst the most interesting works of these years is the Fondo de Cultura Económica building (7) by Teodoro González de León, who is currently one of the architects practising the most extensive communication and dialogue with the different generations represented here.

The Fondo de Cultura Económica tower came into being not from lines and planes, slabs and columns, but from a volume that has been evacuated, and constructed on a scale that we can not know until we have touched it and measured it. A small building for seminars, to the rear of the tower, is subordinated –almost hidden– with great formal skill. This complex is an urban landmark

4

5

6

7

23

8

9

10

11

12

Universidad del Mayab (8), del joven arquitecto meridense Augusto Quijano. Es especialmente reseñable la influencia de la arquitectura prehispana en su afortunada implantación e integración en el paisaje yucateco.

Abraham Zabludovsky en el auditorio y centro de convenciones en Tuxtla Gutiérrez (9) emplea el habitual recurso de yuxtaposiciones volumétricas usado con fortuna en anteriores edificios de contexto urbano del mismo autor junto con Teodoro González de León, aunque en este caso dan a este conjunto cultural una presencia excedida sobre la ordenada morfología de Tuxtla Gutiérrez y su entorno.

El edificio de Institutos de la Universidad Iberoamericana (10) de J. Francisco Serrano inscribe un patio cilíndrico en un edificio de planta cuadrada, y lo conecta con el resto de la universidad (obra del mismo autor) manteniendo el mismo lenguaje claro y conciso, así como los materiales. Sin embargo, la obstinada partición del patio en planta baja no permite ni la comprensión ni el disfrute del mayor logro de este edificio.

La nueva Biblioteca Central de Monterrey (11), obra de Legorreta Arquitectos y Chávez & Vigil Arquitectos Asociados, es el edificio más sobresaliente de la prolífica obra mexicana de estos autores en los últimos años. En ésta se manifiesta la habitual contundencia y claridad formal de Legorreta, con un nuevo rigor geométrico kahniano y un logrado uso de materiales con color y textura propios.

La geometría volumétrica está también en la génesis del proyecto del hotel Westin Regina en Los Cabos (12), de Javier Sordo Madaleno y José de Iturbe. En este caso, aparece con mayor contundencia, al establecer un diálogo con su entorno y al crear unos espacios exteriores propios contenidos dentro de la gran muralla circular del hotel. El uso de colores "mexicanos" y las abstracciones de elementos vernaculares y *"chirichianos"* se dan en este proyecto con eficaz impacto en el paisaje.

El conjunto del Tribunal Federal Electoral (13) es un caso de autoría insólita: un equipo de jóvenes arquitectos y de estudiantes de los últimos semestres de la Facultad de Arquitectura de la UNAM asumen el arduo compromiso de realizar, en pocos meses, y sin experiencia que avale el riesgo, este ambicioso proyecto. El conjunto se organiza alrededor de patios jerarquizados, respondiendo adecuadamente a los requisitos del programa y a la imagen que un edificio público de estas características requiere. Arquitectónicamente, son especialmente sugerentes los volúmenes exentos de los cilindros de concreto, y sobre todo, del edificio de plenos.

La gran cubierta ondulada del Mercado de Pino Suárez (14), obra de Sánchez Arquitectos y Asociados, es interesante por su gran escala, entendida como una prótesis capaz de dar orden al contexto en los límites del centro histórico de la ciudad de México. Menos afortunado sería el lenguaje pseudotecnológico común en la obra de estos autores.

which visually connects two major neighbouring buildings by the same architect.

In this same current, at times referred to as volumetric expressionism, is the Rectory for the Universidad del Mayab (8) by the young Mérida architect Augusto Quijano. Of particular significance here is the influence of pre-Hispanic architecture, with regard to the building's felicitous implantation and integration into the Yucatán landscape.

Abraham Zabludovsky, in the Auditorium and Conference Centre in Tuxla Gutiérrez (9), employs the habitual resource of volumetric juxtapositions, utilized to great effect in earlier buildings within the urban context by the same architect in conjunction with Teodoro González de León, although in the case considered here they endow this cultural complex with an overarching presence, standing out above the orderly morphology of Tuxla Gutiérrez and its environs.

The Institutes building for the Universidad Iberoamericana (10) by J. Francisco Serrano inscribes a cylindrical courtyard within a square-plan building, and connects this with the rest of the university (also designed by Serrano), maintaining the same clear and concise language and the same materials. Nevertheless, the obstinate partition of the courtyard at ground level facilitates neither the understanding nor the enjoyment of the building's greatest achievement.

The new Central Library in Monterrey (11) by Legorreta Arquitectos and their associates Chávez & Vigil Arquitectos, is the most outstanding construction amongst the prolific Mexican production of these architects in recent years. The Library manifests Legorreta's habitual forthrightness and formal clarity, with a new geometrical rigour worthy of Kahn and a highly effective use of materials with their own colours and textures.

Volumetric geometry is also apparent in the genesis of the project for the Hotel Westin Regina at Los Cabos (12), by Javier Sordo Madaleno and José de Yturbe; apparent here with even greater relentlessness, in establishing a dialogue with its surroundings and creating its own exterior spaces contained within the great circular outer wall of the hotel. The use of "Mexican" colours and abstractions derived from vernacular and metaphysical elements contribute to giving this scheme an effective impact on the landscape.

The Federal Electoral Tribunal complex (13) is remarkable in its authorship: a team of young architects and final-year students from the Architecture Faculty of the UNAM took on the arduous task of producing in only a few months, and with no practical experience to underwrite the risk, this ambitious project. The complex is organized around a hierarchy of courtyards, responding appropriately to the demands of the programme and the image of a public building of this nature. In architectural terms, the particularly suggestive elements are the free-standing volumes of the concrete cylinders and, above all, the plenary sessions building.

The great undulating roof of the Pino Suárez market (14) by Sánchez Arquitectos y Asociados

Otra gran cubierta es la del Picadero Techado en Monterrey (15) de Agustín Landa y Jorge Alessio-Robles que, a pesar de sus grandes dimensiones, consigue incluirse en el paisaje con elegancia y transparencia.

Otros arquitectos jóvenes son Claudio y Christian Gantous y Simon Hanui, autores del Salón de belleza "Jean-Ken" (16), de elegante y refinado diseño y con un cuidadoso uso de los materiales, aunque reiterando, a veces, las curvas asimétricas hasta convertirlas en puro gesto.

La Escuela de Teatro (17) del Taller de Enrique Norten recoge todo un repertorio de elementos de arquitectura contemporánea, bajo una forma simple que da unidad y referencia urbana al edificio. La complejidad de los espacios, las yuxtaposiciones de volúmenes, los desplazamientos de planos en algunas de las fachadas, las rampas, plataformas y escaleras sugieren secuencias *"wendersianas"* de un Sharoun en blanco y negro.

is interesting for its sheer scale, approached as a prosthesis capable of bestowing order on its setting on the edge of the historic centre of Mexico City. Less accomplished is the pseudo-technological language, a common feature in all of these architects' work.

Another roof on the grand scale is that of the indoor riding school in Monterrey (15) by Agustín Landa and Jorge Alessio-Robles, which in spite of its large dimensions incorporates itself into the landscape with transparent elegance.

Amongst the other young architects featured here are Claudio and Christian Gantous and Simón Hamui: their Jean-Ken Beauty Salon (16) is elegant and refined design, with a careful use of materials, albeit reiterating at times the asymmetrical curves to the point of converting these into pure gesture.

The National Theatre School (17) by Enrique Norten's TEN Arquitectos studio brings together an entire repertoire of contemporary architecture within a simple form that gives the building its unity and urban reference. The complexity of the spaces, the juxtapositions of volumes, the displacement of planes on certain facades, and the ramps, platforms and stairs, together evoke the Wendersian sequences of a Scharoun in black and white.

13

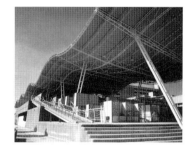

14

15

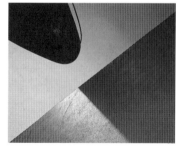

16

17

Biblioteca Nacional de Educación en el antiguo claustro del Convento de Santo Domingo. México, D.F.

Marisa Aja, Fernando Ondarza, Carlos Santos

National Education Library in the old cloister of the Convent of Santo Domingo. Mexico, D.F.

Marisa Aja, Fernando Ondarza, Carlos Santos

Coordinación general/
General coordination:
CGRUPE/Departamento del
Distrito Federal

**Concepción, promoción,
proyecto arquitectónico y
supervisión arquitectónica/**
*Conception, development,
architectural project and
architectural supervision:*
Marisa Aja Pascual
Fernando Ondarza Villar
Carlos Santos Maldonado
arquitectos/*architects*

**Colaboradores en el proyecto
arquitectónico y en la
supervisión de la obra/**
*Collaborators on the
architectural project
and site supervision:*
Federico Quirós Malagón
Alejandro Hernández Gálvez
Arturo Espinoza de los
Monteros C.

Diseño estructural/
Structural design:
Proyectos Especializados en
Ingeniería, S.C.

Obra de reestructuración/
Restructuring work:
CAABSA

Construcción de acabados/
Construction finishes:
AVE Arquitectos, S.C.

Cubierta del patio/
Roof over the courtyard:
Fórmula Estructural Trimetika, S.A.
de C.V.

Fotografías/*Photographs:*
Patricia Tamez

La Biblioteca Nacional de Educación se aloja en un edificio que formó parte del antiguo Convento de Santo Domingo de Guzmán, en el centro histórico de la ciudad de México. Este edificio está formado por tres crujías, y es el resultado de sucesivas intervenciones y destrucciones a lo largo de tres siglos.

El programa del Centro Cultural incluye un auditorio, salas de conferencias, mediateca, librería, café, foro abierto, sala de exposiciones, áreas administrativas y servicios. Los criterios fundamentales de la intervención han sido conservar los elementos arquitectónicos valiosos originales del edificio, así como facilitar la "lectura" del edificio como un documento donde está claramente diferenciado lo que existía de lo que se agregó o sustituyó en las distintas intervenciones, incluyendo la actual. El patio central recavado entre las tres crujías se cierra, al fondo, con un nuevo paramento cóncavo de concreto que remata el eje longitudinal del edificio dando respaldo al foro. Este patio se divide en dos áreas definidas por un desnivel: el foro en la inferior, y el café, en la superior. En esta última se disponen regularmente 12 palmeras.

Una cubierta translúcida arqueada flota sobre el patio "desapareciendo" conceptualmente. Esta cubierta está conformada por armaduras tridimensionales apoyadas sobre rieles de acero que, además de transmitir la carga a los muros del edificio antiguo, sirvieron para montar las armaduras.

La intervención se manifiesta discreta y dialogante. Hacia la calle y en planta baja, las pantallas de acero oxidado y, en planta alta, los canceles y balcones de vidrio interactúan con jambas y dinteles de cantera restaurada. En el interior, los elementos de concreto quedan aparentes y las escaleras, puentes y mezzanines son estructuras independientes de acero.

The National Education Library is housed in a building that forms part of the Ancient Convent of Santo Domingo de Guzmán, in the historic centre of Mexico City. This building is composed of three bays, and is the result of successive interventions and demolitions over the course of three centuries.

The programme for the Cultural centre includes an auditorium, lecture halls, and administrative and service departments. The fundamental criteria governing the intervention were the conservation of the building's valuable original architectural elements together with the facilitating of the "reading" of the building as document, in which there is a clear differentiation of the original from what was added or replaced in the various subsequent interventions, including the present one. The central courtyard inserted between the three bays is closed off at the rear with a new concave concrete wall which concludes the building's longitudinal axis, validating the forum. This courtyard is divided into two areas defined by a change in level, with the forum on the lower and the café on the upper. Twelve palm trees are laid out in regular sequence on the latter area.

A translucent arched roof floats above the courtyard, conceptually "disappearing". This roof is composed of three-dimensional roof trusses supported on steel rails which in addition to spreading the load onto the walls of the historic building serve as mounts for these trusses.

The intervention clearly manifests its spirit of discretion and dialogue. The oxidized steel screens fronting the street and on the ground floor, and the glazed doors and balconies on the upper floor interact with the restored masonry jambs and lintels. In the interior, the concrete elements are left while the stairs, bridges and mezzanines are independent structures in steel.

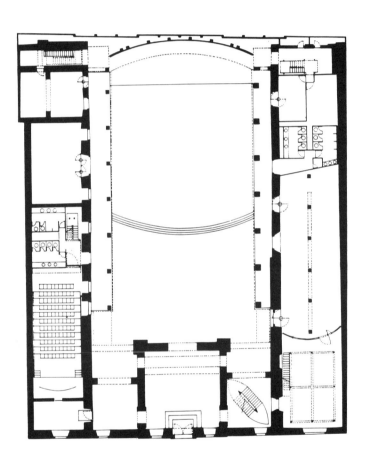

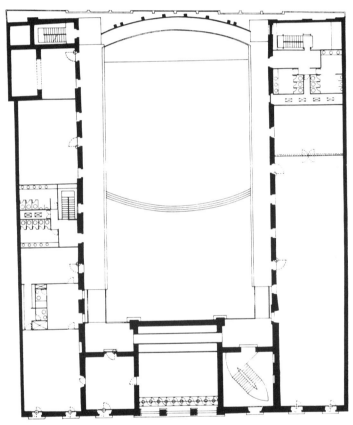

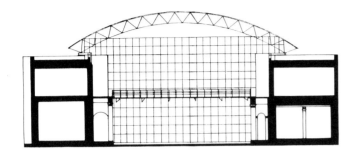 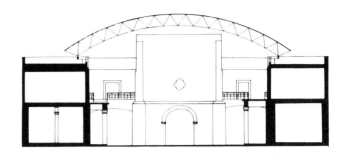

Centro de la Imagen. México, D.F.
Isaac Broid

Centre for the Image. Mexico, D.F.
Isaac Broid

Cliente/*Client:*
Consejo Nacional para la Cultura y las Artes (CNCA)

Coordinación general/*General coordination:*
Lic. Pablo Ortiz Monasterio

Arquitectos/*Architects:*
Isaac Broid Zajman
Abraham Zabludovsky (consultor exterior/*external consultant*)

Colaboradores/*Collaborators:*
Alfredo Hernández
Benjamín Campos
Guadalupe Yoguez
arquitectos/*architects*

Constructora/*Construction:*
Codisa

Cálculo estructural/*Structural calculations:*
José Creixell arquitecto/*architect*

Iluminación/*Lighting:*
Consorcio de Iluminación

Año de realización/*Construction date:*
Octubre 1993-marzo 1994/
October 1993-March 1994

Fotografía/*Photographs:*
Luis Gordoa
Daniel Nierman

El Centro de la Imagen es una intervención dentro del antiguo cuartel militar de la Ciudadela, en el perímetro del centro histórico de la ciudad de México, caracterizada por su geometría no ortogonal con respecto a la existencia del siglo XVIII, y manteniéndose exenta de ésta.

El programa es el de una biblioteca de imágenes de todo tipo: fotografías, vídeo, carteles, etc. Éste se desarrolla en seis salas de exposición, un archivo, talleres, oficinas, un bar y un espacioso vestíbulo.

El nuevo pasillo-puente es el elemento que articula la intervención, dialogante pero radical, rompiendo con el trazo ortogonal original, y haciendo de cada una de las salas de exposición un espacio distinto a sus semejantes. Los extremos de este corredor central funcionan como balcones. Las escaleras y los nuevos muros contrapuntean, por su disposición espacial, la composición en planta.

Los materiales usados son diferentes a los existentes, y contrastan con ellos por su peso visual, sus texturas, sus colores. Los muros originales se mantienen aplanados blancos mientras que los nuevos son de concreto aparente. Los muros de carga se oponen a la nueva estructura de acero, a las viguetas de hierro colado con remaches, a los pasamanos de bronce, y al cristal.

El patio de distribución y acceso a las salas de exposición, exento del rigor dogmático de la intervención, da muestras más relajadas de sensibilidad en el detalle y en la composición dialogante y asimétrica de la fuente.

The Centre for the Image is an intervention within the former military barracks of La Ciudadela, on the edge of the historic centre of Mexico City, characterized by its geometrical displacement with respect to the orthogonal layout of the existing 18th-century surroundings, from which it effectively detaches itself.

The programme is for a library holding images in the whole range of formats: photographs, videos, posters, etc. This is developed in six exhibition rooms, an archive, workshops, offices, a bar and a spacious vestibule.

The new passageway/footbridge is the element which articulates the intervention, in dialogue yet radical, breaking with the original orthogonal layout and making each of the exhibition rooms a markedly distinct space. The two ends of this central corridor function as balconies. The stairs and the new walls counterpoint, by virtue of their spatial disposition, the composition of the plan.

The materials employed are different from those of the original fabric, and contrast with these in terms of their visual weight, textures and colours. The existing walls have retained their original white rendering, while the new walls are of exposed concrete. The load-bearing walls provide a contrast with the new steel structure, the iron joints studded with rivets, the bronze handrails and the glass.

The courtyard which organizes the distribution and access to the exhibition rooms, escaping the dogmatic rigour of the intervention as a whole, offers more relaxed indications of sensibility in the detailing and the dialogue established by the asymmetrical composition of the fountain.

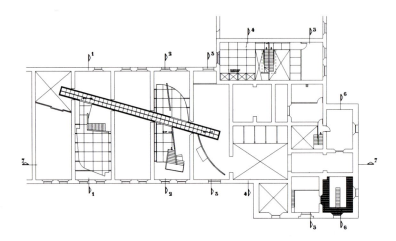

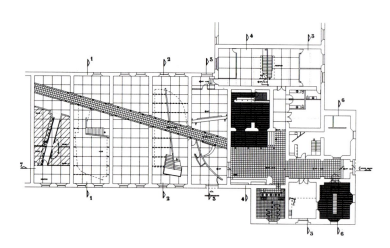

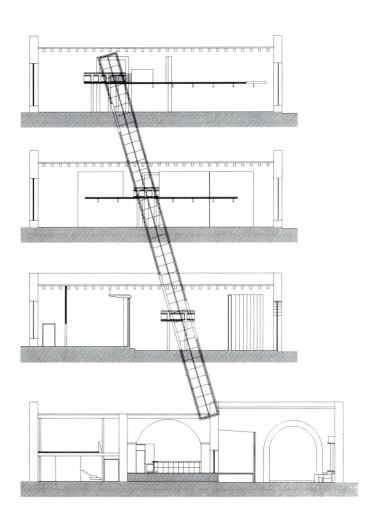

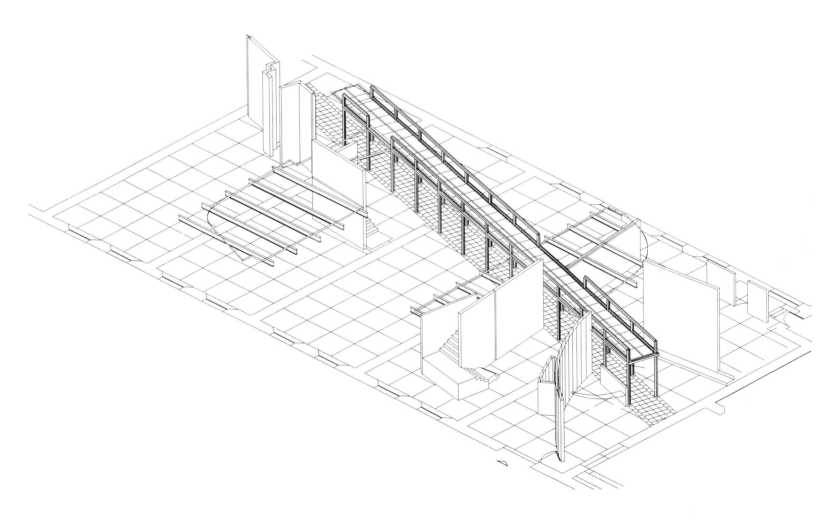

Centro Cultural X'Teresa. México, D.F.
Luis Vicente Flores

X'Teresa Cultural Centre. Mexico, D.F.
Luis Vicente Flores

Arquitecto/*Architect:*
Luis Vicente Flores

Colaborador/*Collaborator:*
Enrique Henríquez

Año de proyecto/*Project:*
1993

**Año de construcción/
*Construction:***
1994

Fotógrafo/*Photographs:*
Pep Ávila

El Templo de Santa Teresa la Antigua está situado en el corazón del centro histórico de la ciudad de México. El proyecto para albergar el Centro de Arte Alternativo X'Teresa se ha desarrollado a partir de dos premisas. Por un lado, se transforma el edificio existente para dotarlo de espacios y equipos adecuados para la presentación y escenificación de manifestaciones artísticas no convencionales. Por otro lado, se utilizan nuevos elementos arquitectónicos que son independientes y autónomos de la estructura original.

El edificio existente se adapta fácilmente a los nuevos requerimientos, una vez eliminados todos los añadidos y las modificaciones que ha sufrido a lo largo de su historia.

El programa arquitectónico de los espacios para el Centro de Arte X'Teresa consta, primordialmente, de dos frentes de actuación: el primero es la adecuación de los espacios destinados a exposiciones de arte alternativo dentro del edificio existente, sin intervenir en su estructura original mediante elementos prefabricados y desmontables; el segundo –y más interesante– es la construcción de una ampliación en la que se ubican, principalmente, las circulaciones de acceso a las oficinas y los servicios. Este nuevo elemento es una estructura ligera de acero y vidrio, anexado al edificio existente sin intervenir en su estructura original.

The Temple of Santa Teresa la Antigua is situated in the heart of the historic centre of Mexico City. The project to house the X'Teresa Centre for Alternative Art has been developed on the basis of two premises. On the one hand, the existing building was transformed in order to equip it with the spaces and facilities necessary for the effective presentation and staging of unconventional artistic productions. On the other, the scheme utilizes new autonomous architectural elements that are indepenedent of the original structure.

The existing building was easily adapted to the new requirements, once all of the additions and modifications imposed on it in the course of its history had been eliminated.

The architectural programme of the two spaces for the X'Teresa Art Centre consists primarily of two lines of actuation. The first of these is the adaptation of the spaces within the existing building intended to accommodate alternative art exhibitions, on the basis of easily installed and dismantled prefabricated elements, without intervening in the original structure. The second –and more interesting– is the construction of an extension occupied principally by the circulation routes communicating with the offices and services. This new element is a lightweight structure of steel and glass, annexed to the existing building without intervening in its original structure.

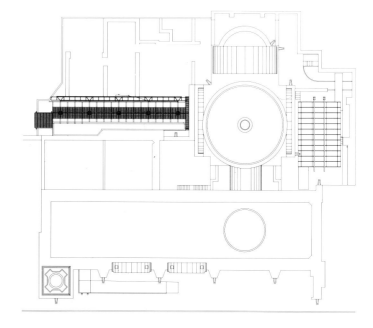

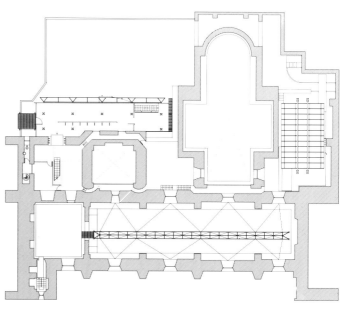

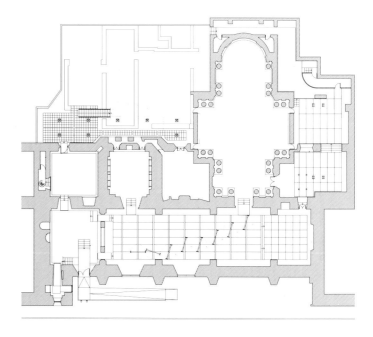

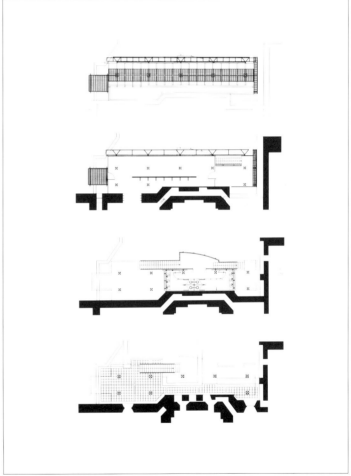

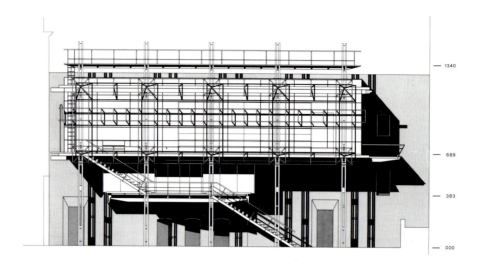

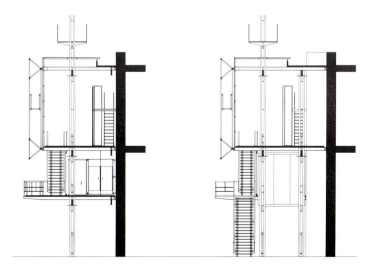

Casa Saltiel. México, D.F.
Albin, Vasconcelos, Elizondo

Proyecto arquitectónico/
Architectural project:
Albin, Vasconcelos, Elizondo,
arquitectos/*architects*
Enrique Albin
Fernando Vasconcelos
Alejandro Elizondo

Colaborador/*Collaborator:*
Jorge González

Estructura/*Structures:*
Fernando Báez

Instalación/*Services:*
Heriberto Pérez

Diseño industrial/
Industrial design:
Luis Segura

Fotografía/*Photographs:*
Alberto Moreno

La Casa Saltiel está ubicada en Bosques de las Lomas, ciudad de México, en un terreno de pronunciada topografía, de aproximadamente 14x40 metros, y donde existen varios encinos que se respetaron en el proyecto. Asimismo, el fraccionamiento tiene restricciones de 5 metros hacia el frente del lote, tres metros hacia sus lados y 7,5 metros en altura.

El programa arquitectónico de esta residencia unifamiliar se resuelve mediante un esquema de largos muros que se originan en un vestíbulo cuadrado central, y alrededor del cual se organizan los espacios principales de la casa. Estos espacios, tanto los interiores como los exteriores, tienen una clara intención horizontal, a diferencia del espacio central del vestíbulo que asciende hasta un alto tragaluz, y que mediante el uso de planos inclinados reflejantes y ónix translúcido, deja caer una luz cenital en claro contraste con el resto de la casa.

Los muros están aplanados y pintados de blanco. El tragaluz triangular está forrado exteriormente de azulejo verde. La antena parabólica, omnipresente en este tipo de edificios, se sitúa sobre una torre de concreto aparente especialmente diseñada para este objeto.

Sorpresivas secuencias espaciales se suceden en los recorridos de la casa: del patio de acceso al nivel de la calle se baja a un segundo patio hundido con una fuente, donde, a través de un pórtico, se llega a la puerta de cristal del vestíbulo. Desde éste, se accede, opcionalmente, a la estancia, al comedor, a la biblioteca y a la planta alta.

Saltiel house. Mexico, D.F.
Albin, Vasconcelos, Elizondo

The Saltiel house is situated in the Bosques de las Lomas district of Mexico City, on a very uneven plot measuring 14x48 metres, with a number of holm oaks which were respected in the scheme. At the same time, local planning regulations prohibited development of the first 5 metres on the front of the site, 3 metres at either side, and above 7.5 metres in height.

The architectural programme for this family residence is resolved by means of a series of long walls which originate in a square central vestibule, with the principal spaces of the house organized around this. These spaces, both interior and exterior, have a clearly horizontal intentionality, in contrast to the central vestibule space which ascends to a high window and which, through the use of reflecting inclined planes and translucent onyx, lets in an overhead light, entirely different from the rest of the house.

The walls are plastered, smooth-finished and painted white. The triangular skylight is bordered on the exterior with green glazed tiles. The parabolic aerial, omnipresent on buildings of this kind, is situated on top of an exposed concrete tower designed especially for this purpose.

Surprising spatial sequences succeed one another as we move through the house: from the access courtyard at street level down to a second sunken courtyard with a fountain, from where a portico leads in to the glass door of the vestibule, which distributes access to the living room, the dining room, the library and the upper floor.

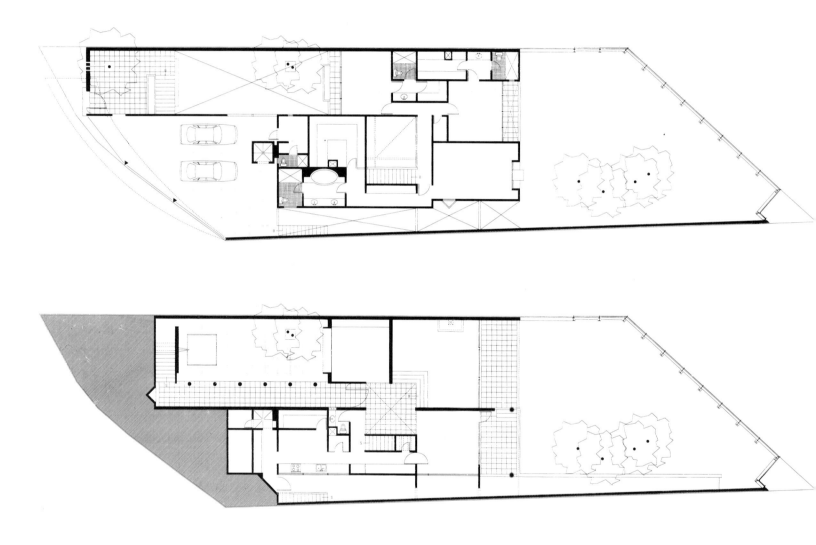

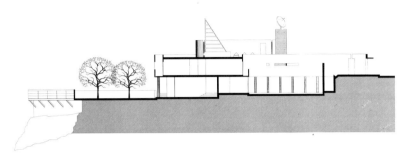

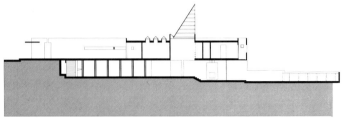

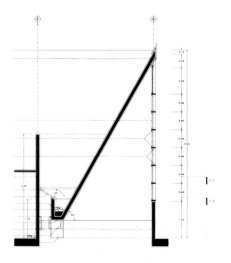

Casa Casillas. México, D.F.
Andrés Casillas

Casillas house. Mexico, D.F.
Andrés Casillas

Arquitecto/*Architect:*
Andrés Casillas

Año del proyecto/
Date of project:
1991

Año de la construcción/
Date of construction:
1992

Fotografía/*Photographs:*
Jaime Navarro
Armando Holmes

La Casa Casillas se encuentra en la parte posterior de un terreno situado en una cerrada en los límites de la nueva zona residencial de Bosques de las Lomas, en la ciudad de México.

El terreno existente tenía una pendiente muy pronunciada por lo que se optó por recortar la montaña para ubicar un paralelepípedo de tepetate del que dos de sus lados trabajan como muros de contención, y sólo los dos restantes gozan de aberturas.

A la casa se accede desde el jardín hundido que está rodeado de muros vegetales. Una profunda terraza de madera esconde, más que anuncia, el ingreso a la casa por sus intestinos. Un corredor angosto y bajo sin recibidor ni cancel se convierte en escalera encajonada, y desemboca en un pequeño espacio cúbico que hace las veces de distribuidor de la planta principal.

En este nivel se ubican las zonas de día: cocina y baño, comedor y terraza, y la sala de estar que es un espacio cúbico de cinco metros de lado con dos aberturas cuadradas de cuatro y dos metros, respectivamente. Un grueso muro esconde una escalera secundaria, un pasadizo y el acceso a la recámara principal. Otra recámara con luz cenital y los baños, completan el programa.

La escalera principal continúa hasta la azotea y el acceso principal desde la calle superior.

The Casillas house stands on the rear part of a plot located in an enclosed block on the edge of the new residential district of Bosques de las Lomas in Mexico City.

The existing site had a very pronounced slope, and the project thus opted to level off the hill in order to accommodate a stone cuboid, two of whose sides act as retaining walls, with all of the openings concentrated in the other two sides.

Access to the house passes through the sunken garden, surrounded by hedges. A deep terrace, constructed of wood, effectively conceals rather than advertizes the entrance to the house by way of its entrails. A low, narrow corridor with no reception hall continues up the boxed stair well to open out in the small cubic space which serves as the distribution core for the main floor.

This level contains the daytime zones: kitchen and bathroom, dining room and terrace, and the living room in the form of a cubic space, 5 metres in length, with two square openings measuring 4 x 4 and 2 x 2 m respectively A thick wall conceals a secondary staircase, a corridor and the access to the main bedroom. The programme is completed by a second bedroom with a skylight in the roof and the bathrooms.

The principal staircase continues up to the roof terrace and the main access from the street above.

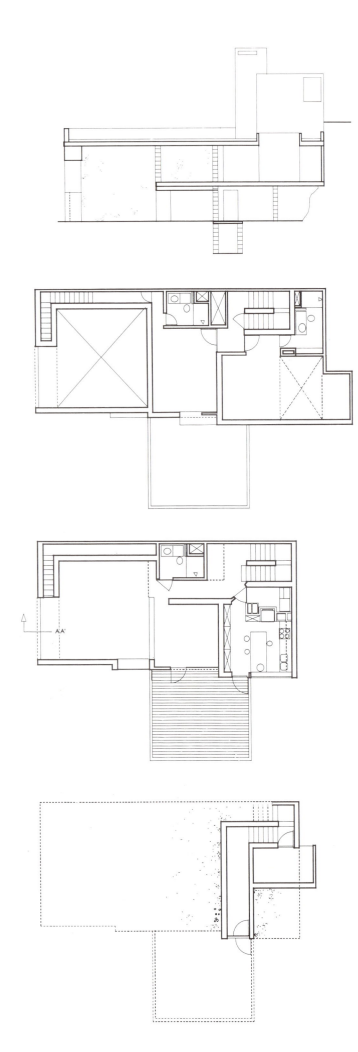

Casa en el Pedregal de San Ángel.
México, D.F.
López Baz / Calleja

Arquitectos/*Architects:*
Grupo LBC
Alfonso López Baz y
Javier Calleja

Colaboradores/
Collaborators:
Raúl Pulido y Octavio Cardoso

Diseño Estructural/
Structural design:
Arturo Hernández,
ingeniero/*engineer*

Proyecto/*Project:*
1993

Construcción/*Construction:*
1994

Fotografía/*Photographs:*
Fernando Cordero

Esta casa está ubicada en el Pedregal de San Ángel de la ciudad de México, en un terreno con un fuerte desnivel hacia la calle, y limitado por un muro existente de piedra volcánica del lugar.

La casa se encierra alrededor de un patio central. Dos cuerpos rectangulares resuelven el programa y se conectan a lo largo del patio por un pasillo acristalado. El primer cuerpo contiene, en su planta noble a nivel del patio, la sala de estar y el vestíbulo al que se llega por una escalinata exterior de cantera, apoyada al muro preexistente del mismo material. Los servicios quedan en la planta inferior a nivel del área de acceso y garaje. El segundo cuerpo rectangular, situado en la parte posterior del lote, contiene las recámaras y se abre igualmente al patio central. El patio central, ya aludido, está contenido entre dos amplios pórticos cuyos cerramientos son viguetas de acero sostenidas sobre pilastras concebidas como potentes prismas triangulares que dirigen sus agudas aristas hacia el espacio abierto del patio. Estos pórticos metálicos se dejaron oxidar protegiéndose posteriormente con sellador impermeabilizante. La mitad de las pilastras se sumergen en un gran estanque metálico que, lentamente, se derrama sobre el patio, a la vez que lo corta en diagonal.

House in Pedregal de San Angel.
Mexico, D.F.
López Baz / Calleja

The house is situated in the Pedregal de San Angel district of Mexico City, on a plot that slopes down steeply to the street, bounded by a wall of local volcanic stone.

The house closes itself around a central courtyard. Two rectangular volumes resolve the programme, and are connected by a glazed corridor running the length of the courtyard. The first volume contains, on its piano nobile at courtyard level, the living room and the vestibule, which is reached by way of an exterior stone staircase set against the existing masonry wall. The services are situated on the floor below the level of the access area and garage. The second rectangular volume, standing on the rear part of the plot, contains the bedrooms, and also opens onto the central courtyard. This courtyard is bordered by wide porticoes constituted of steel beams resting on pilasters conceived as potent triangular prisms which direct their acute arrisses towards the open space of the courtyard. The surfaces of these metal porticoes have been allowed to oxidise, and then treated with a weatherproof sealant. The lower halves of the pilasters are submerged in a great metal tank that slowly spills down into the courtyard, which it cuts across on the diagonal.

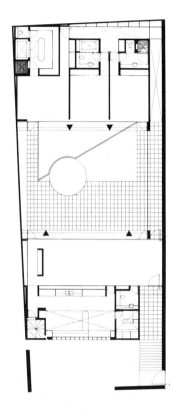

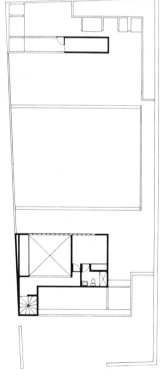

Salón de belleza "Jean-Ken". México, D.F.
Claudio Gantous, Christian Gantous,
Simón Hamui

Arquitectos/*Architects:*
Claudio Gantous
Christian Gantous
Simón Hamui

Colaboradores/*Collaborators:*
Carlos Liera

Construcción/*Construction:*
AEVUM Arquitectura y Diseño

Cálculo estructural/
Structural calculations:
Luis Miguel Hierro
Hernán Alarcón

Diseño gráfico/*Graphic design:*
Rolf Krayer

Año de realización/
Date of construction:
1993

Fotografía/*Photographs:*
Fernando Cordero

La colonia Lomas de Chapultepec, de la ciudad de México, es una zona residencial de lujo pero carente de servicios, por lo que ciertas calles han sufrido una transformación paulatina y, últimamente, acelerada en la que tiendas, restaurantes y oficinas han sustituido las antes majestuosas residencias.

El Salón de belleza "Jean-Ken" está ubicado en una de tantas calles de las Lomas, y es precisamente el resultado directo del fenómeno de constante transformación y evolución de la ciudad. Por razones inherentes a su función, el proyecto del salón exigía la utilización de materiales que presentaran características de poco deterioro al uso y de fácil limpieza, dando así la sensación de encuentro con un ambiente puro y aséptico. Además, un salón de esta naturaleza también es el lugar en el que se persigue la belleza por lo cual la solución plástica y formal del edificio y sus interiores tuvieron un carácter altamente sensual.

Los materiales seleccionados como son el concreto aparente, el acero negro inoxidable y el vidrio se tradujeron en formas amables, comprometidas tanto con su utilidad final como con su potencial expresivo en una relación evidente y recíproca de la forma con la materia.

"Jean-Ken" Beauty Salon. Mexico, D.F.
Claudio Gantous, Christian Gantous,
Simón Hamui

The Lomas de Chapultepec district of Mexico City is an exclusive residential zone that is nevertheless lacking in services, with the result that certain streets have experienced very gradual development, accelerated in recent years, with shops, restaurants and offices taking the place of some of the former majestic private residences.

The "Jean-Ken" beauty salon is located on one of these Lomas streets, and is the direct product of precisely this phenomenon of continuous transformation and evolution taking place in the city. For reasons intrinsic to the salon's function, the project was necessarily obliged to make use of materials which would promise durability and ease of cleaning, serving to enhance the sensation of entering a pure, aseptic environment. In addition, a salon of this nature is by definition a place dedicated to the pursuit of beauty, with the result that the formal and visual character of the building and its interiors has been given a highly sensual treatment.

The materials chosen, such as exposed concrete, black stainless steel and glass, are translated into appealing forms, committed to realizing both their specific function and their expressive potential, in an evident and reciprocal relationship between form and material.

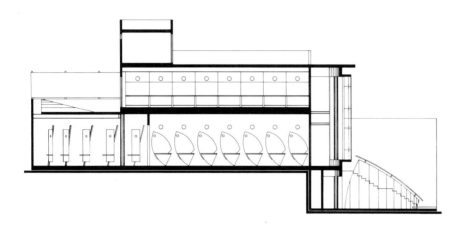

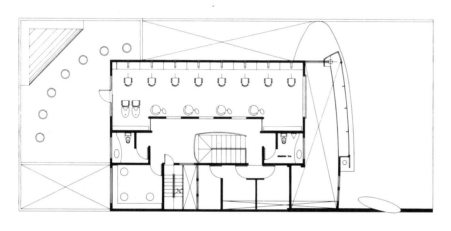

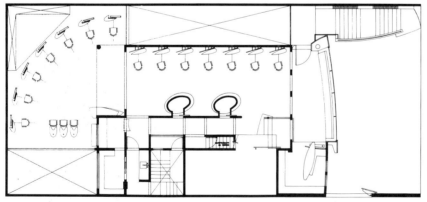

Fondo de Cultura Económica. México, D.F.
Teodoro González de León

Fondo de Cultura Económica. Mexico, D.F.
Teodoro González de León

Arquitecto/*Architect:*
Teodoro González de León

Colaborador/*Collaborator:*
Ernesto Betancourt
arquitecto/*architect*

Diseño de interiores/
Interior design:
Luis A. de Regil
arquitecto/*architect*

Diseño estructural/
Structural design:
Héctor Margain Ancira
ingeniero/*engineer*

Proyecto aire acondicionado/
Air conditioning scheme:
CyV, S.A.

Proyecto eléctrico/
Electrical scheme:
COESA

Proyecto hidráulico y sanitario/
Hydraulics and sanitation
project:
GHA y Asociados

Área construida/*Built area:*
8.400 m²

El nuevo edificio del Fondo de Cultura Económica consta de una torre de ocho pisos y dos cuerpos bajos de forma triangular que le dan base y conforman el espacio de entrada. Une y reorienta las masas horizontales del Colegio de México y la Universidad Pedagógica Nacional que fueron proyectados en 1975 y 1978 por el propio Teodoro González de León y por Abraham Zabludovsky.

La torre tiene planta triangular con dos de sus lados curvos, y un volumen adosado, de forma libre, que contiene los servicios. En el frente, dos muros ciegos, girados a 45°, forman una cavidad cónica en la que se encuentra la entrada. Un puente metálico cierra el espacio formando un gran pórtico a 40 metros de altura, atravesando los volúmenes edificados, excediéndolos, en voladizo, por ambos lados. La fachada noreste tiene perforaciones cuadradas sobre el muro curvo, mientras que la orientada a suroeste es un plano, también curvo, de parteluces que se van cerrando a poniente.

En la parte posterior del terreno se conservó intacta una gran porción de la roca volcánica con su vegetación original. La zona de estacionamiento ocupa un hueco en la roca y se oculta con un talud ajardinado.

Al fondo, de un solo nivel y sobre la roca, se desarrolla la Unidad de Seminarios, que consta de un salón de usos múltiples, cubículos de investigación y locales para recepciones integrados al paisaje natural.

The new building for the Fondo de Cultura Económica consists of an eight-storey tower and two lower triangular-plan volumes which provide the plinth for the tower and compose the entrance space. The new complex unifies and reorients the horizontal masses of the Colegio de Mexico and the Universidad Pedagógica Nacional, designed in 1975 and 1978 by Teodoro González de León and Abraham Zabludovsky.

The tower has a triangular plan, with two of its sides curving, and a free-form annexe abutting on it which contains the services. On the main facade, two blind walls, rotated through 45°, configure the conical cavity in which the entrance is situated. A metal bridge closes off the space, forming a great 48-metre high portico, and crossing above the built volumes, beyond which it projects on both sides. The north-east facade has square perforations in its curving wall, while the south-east facade is also curved, with openings becoming progressively more closed to the west.

On the rear part of the plot, much of the volcanic rock has been conserved intact, together with its original vegetation. The car park occupies a hollow in the rock, concealed behind a landscaped bank.

To the rear, the Seminars Unit is laid out on a single level on top of the rock. This unit comprises a multi-function hall, research rooms and spaces for receptions, integrated into the natural landscape.

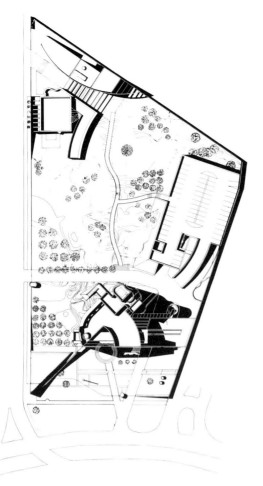

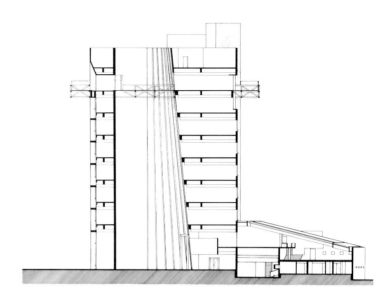

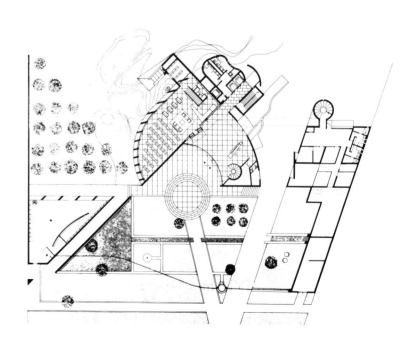

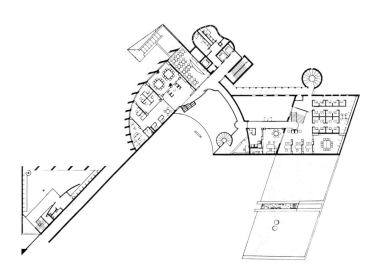

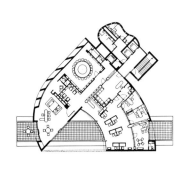

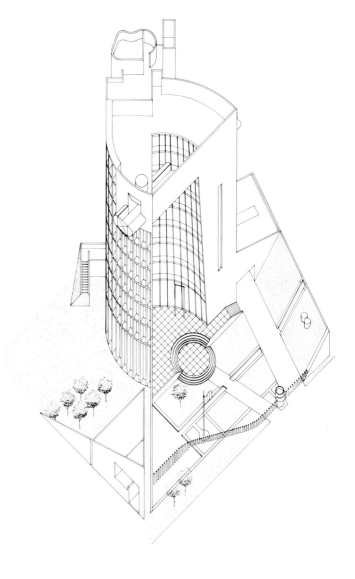

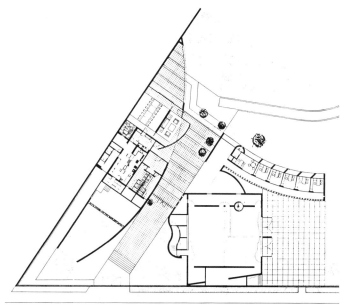

Unidad de seminarios/*Seminars Unit*

Picadero Techado del Club Hípico "La Silla". Monterrey

Agustín Landa y Jorge Alessio-Robles

Indoor riding circuit for the "La Silla" Riding Club, Monterrey

Agustín Landa and Jorge Alessio-Robles

Arquitectos/*Architects:*
Landa-Alessio Robles
arquitectos/*architects*
Agustín Landa Verdugo
Agustín Landa Vertiz
Jorge Alessio-Robles

Colaboradores/*Collaborators:*
Roberto García
Esther Galán
Dámaso Zarate
Margarita Goyzueta
arquitectos/*architects*

Cálculo estructural/
Structural design:
Colinas y de Buen

Ingeniería/*Engineering:*
Cigarrera La Moderna, S.A.
de C.V.
Fomento Inmobiliario Omega, S.A.
de C.V.

Interiores/*Interiors:*
Sra. Martha Elena Garza de Páez

Fecha de realización/
Date of construction:
1994

Fotografía/*Photographs:*
Malo & Guzmán Fotógrafos

El Picadero Techado está localizado a 15 km del centro de Monterrey hacia el sur de la ciudad, en el Club Hípico "La Silla", en un pequeño valle en las faldas de la Sierra Madre.

El Picadero techado es una gran estructura que cubre una pista para obstáculos de 70x45 metros más graderías perimetrales y una zona de VIP con baños, vestidores, sala de estar y cocina.

Debido a las inclemencias del tiempo en Monterrey, el picadero techado es un lugar ideal para la práctica del salto hípico. Está localizado en un lugar abierto y ventilado en medio de un escenario bellísimo, con vistas a las montañas y a la pista de pasto vecina.

Unas cartelas de concreto aparente soportan unas grandes armaduras que, a su vez, sostienen unos cañones de lámina engargolada de ligera apariencia. Detrás de las cartelas de las esquinas, se encuentran los cilindros que contienen los servicios públicos. En el nivel superior del cilindro de poniente se ubica un área para jueces de concursos. De la pista contigua y debajo de las gradas del lado oriente se localizan las oficinas de concurso, prensa, servicios médicos, y centro de audio y video. En el centro del picadero está localizada la zona VIP que tiene 22,5 metros de claro, salvado por dos armaduras de acero que van de cartela a cartela. Sus fachadas son de cristal templado a hueso para permitir la máxima visibilidad.

The indoor riding circuit for the "La Silla" Riding Club is situated some 15 km to the south of the centre of Monterrey, in a small valley in the foothills of the Sierra Madre.

The indoor riding circuit is a large structure which covers a 70 x 45 m circuit with obstacles, together with stands around the perimeter and a VIP area with baths, changing rooms, a lounge and kitchen.

Given the inclement weather of the Monterrey region, the indoor riding circuit affords an ideal setting for the practice of show-jumping. It stands on an open, well-ventilated site in the midst of beautiful scenery, with views of the mountains and the adjacent outdoor grass circuit.

A series of exposed concrete corbels supports the large roof trusses which in turn support the apparently lightweight grooved laminate tubes. Behind the corner corbels are the cylinders containing the public services. On the upper level of the west cylinder is a space for competition judges. Adjoining the circuit, underneath the west stand, are the various offices for competitive events, press, medical services and an audio and video centre. In the centre of the circuit is the VIP area, with its 22.5 m high-visibility tempered glass facade spanned by two steel trusses running from corbel to corbel.

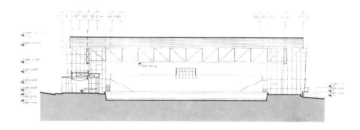

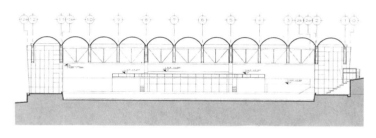

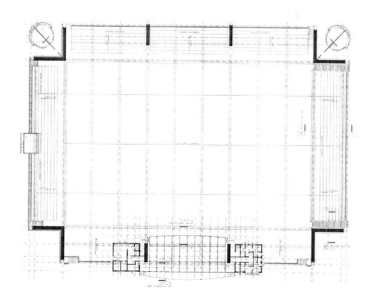

Biblioteca Central "Magna Solidaridad". Monterrey
Legorreta Arquitectos

Arquitectos/Architects:
Legorreta Arquitectos
Ricardo Legorreta
Víctor Legorreta
Noé Castro
Chávez & Vigil
Arquitectos Asociados

Asesores/Consultants:
Diseño estructural/
Structural design:
DYS, S.C.

Diseño hidráulico y eléctrico/
Hydraulics and electrics:
Tecnoproyectos, S.A.

Diseño aire acondicionado/
Air-conditioning scheme:
CYV, S.A.

La nueva Biblioteca Central está ubicada entre el velódromo y un lago existente del parque Niños Héroes de Monterrey. Este nuevo edificio cumple dos funciones diferenciadas, la de biblioteca y la de centro de convenciones y galerías.

El edificio tiene una capacidad para albergar 500.000 volúmenes en una superficie de 20.000 m² distribuidos en ocho niveles.

La biblioteca se compone básicamente de dos cuerpos: un cubo que contiene el acervo y está inscrito en el círculo donde se ubican las salas de lectura. El cilindro se interrumpe en sus extremos con sendos planos inclinados. Las salas de lectura tienen vistas al parque y a los cuatro patios interiores resultantes de la circunscripción de las dos formas geométricas antes mencionadas. El acervo alojado en el cubo se desarrolla fluidamente en cuatro plataformas por planta, a modo de espiral.

Un basamento de dos niveles contiene la zona administrativa, la biblioteca de asuntos políticos y el auditorio. Un pórtico que recorre las áreas de exposición une el edificio con la calle, y da una escala más baja al conjunto en su contacto con el parque.

Dado el alto índice de contaminación de esta zona, los materiales empleados son el concreto aparente en el cubo central y en el basamento, y el tabique en el cilindro de las salas de lectura y en el pórtico de acceso. En el interior, el acervo es de concreto aparente en muros y losas, mármol travertino en los pisos de las áreas de circulaciones, y alfombra en acervos, y áreas de lectura. Las ventanas tienen una protección de placa de acero que se proyecta con longitudes variables, teniendo en cuenta la incidencia solar.

"Magna Solidaridad" Central Library. Monterrey
Legorreta Arquitectos

The new Central Library is situated between the cycle track and an existing lake in Monterrey's Niños Héroes park. The new building serves two clearly distinct functions, in containing a library and a conference and exhibition centre.

The building has capacity for some 500,000 volumes, with a total surface area of 20,000 m² distributed over eight levels.

The library is essentially composed of two volumes: a cube containing the book deposit, which is inscribed within the circle of reading rooms. The cylinder is interrupted at its extremes by a number of inclined planes. The reading rooms have views of the park and of the four interior courtyards generated by the insertion of the square inside the circle. The book deposit housed in the cube is developed fluidly, with four platforms to a floor ordered in a spiral layout.

A two-storey base accommodates the administrative area, the political affairs library and the auditorium. A portico running the length of the exhibition spaces connects the building with the street and gives the complex an appreciably lower scale in its contact with the park.

Given the high levels of air pollution in the zone, the materials employed are exposed concrete for the central cube and the base, for the interior partitions in the cylinder containing the reading rooms and for the access portico. In the interior, the book deposit utilizes exposed concrete for walls and floor slabs, with travertine marble for the floors of the circulation spaces, and fitted carpetting in the book deposit. The windows are shaded by steel sheeting, the projection of which is determined by the angle of exposure to the sun.

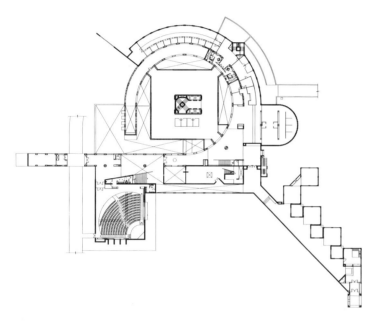

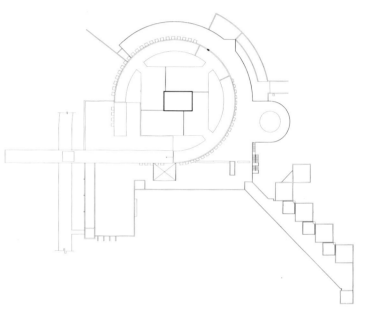

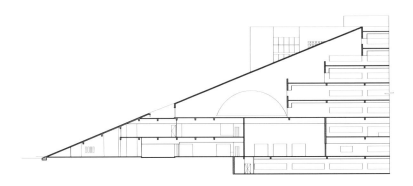

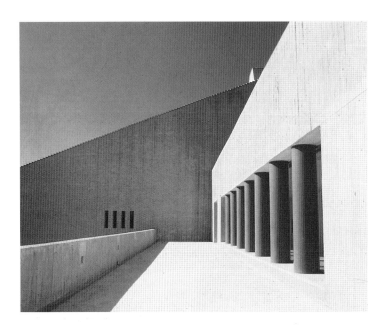

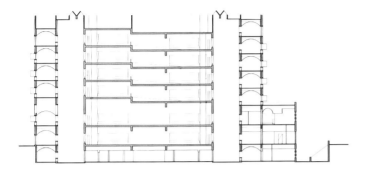

Ubicación/Location:
Campus Universidad del Mayab.
Chablekal, Yucatán

Proyecto arquitectónico/
Architectural project:
Augusto Quijano Arquitectos,
S.C.P.
Augusto Quijano Axle
Ligia Quijano Axle
Enrique Cabrera Peniche
Lourdes Lara Castro
Mariano Coba Ayala

Construcción/Construction:
Agustín Peón de Regil
ingeniero/engineer

Año de realización/
Date of construction:
1993-1994

Fotografía/Photographs:
Abiud Pérez Caballero
Augusto Quijano

Rectoría de la Universidad del Mayab. Mérida
Augusto Quijano

La Universidad del Mayab está situada cerca de la zona arqueológica de Dzibichaltun, a pocos kilómetros de la ciudad de Mérida, Yucatán. La primera etapa, realizada en 1983, alberga 30 aulas, direcciones académicas, cafetería y auditorios, en una serie de edificios intercomunicados'de diferentes alturas, que conforman una imagen unitaria.

El edificio de la rectoría forma parte del crecimiento, programado en etapas, de esta universidad. Este edificio contiene las funciones de servicios escolares, administración, caja y contabilidad; así como la sala de consejo, oficina del rector y secretaría general.

El concepto arquitectónico parte de diferenciar las actividades del conjunto por medio de un vestíbulo abierto. Éste es un espacio libre y aireado que jerarquiza, por un lado, las actividades de mayor intensidad, como son los servicios escolares, administración, finanzas y contabilidad, y, por otro, la rectoría y la secretaría general. Del vestíbulo abierto parte un pórtico que define el área pública de contacto de los alumnos con los servicios escolares, éstos, a su vez, están en contacto con el área de trabajo secretarial y los cubículos de administración.

En el sentido longitudinal, la zonificación es, también, desde las actividades más públicas de contacto exterior y próximas a los estacionamientos, hasta las actividades internas de contacto con los alumnos y cercanas a las aulas. El esquema arquitectónico en forma de "L" permite que las partes públicas participen del espacio que produce la interacción de patio y paisaje.

La implantación del edificio en el paisaje, así como la interacción espacial de sus plataformas, muros y columnatas, contienen alusiones a la arquitectura maya.

Rectory for the Universidad del Mayab. Merida
Augusto Quijano

The Universidad del Mayab is situated in the archaeological area of Dzibichaltun, only a few kilometres from the city of Mérida, Yucatán. The first phase of the project, carried out in 1983, comprises 30 classrooms, academic offices, cafeteria and auditoria, in a series of intercommunicating buildings of different heights which together configure a unitary aspect.

The Rectory building is part of the planned growth of the university, structured in phases. This building contains the functions of academic services, administration, bursar's and accountant's office, together with the board room, the Rector's office and the general secretariat.

The architectural concept is based on the differentiation of activities in the complex by means of an open vestibule. This is a free, airy space which hierarchizes on the one hand the most intensive activities, such as academic services, administration, finances and accounting, and on the other the Rectory and the general secretariat. Starting from this open vestibule, a portico defines the public area for student contact with the academic services, which in turn communicates with the secretarial area and the administrative offices.

On the longitudinal axis, the zoning is also ordered in a progression from the more public activities of external contact, adjacent to the car park, to the internal activities involving contact with the students, close to the classrooms. The L-shaped architectural layout allows the public areas to participate in the space generated by the interaction between courtyard and landscape.

The siting of the building in the landscape, together with the spatial interaction of its platforms, walls and colonnades, embodies allusions to Mayan architecture.

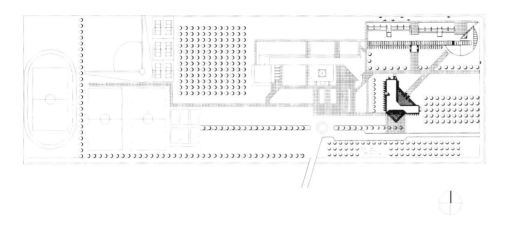

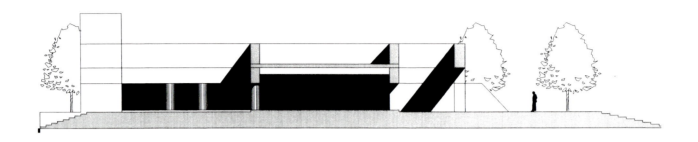

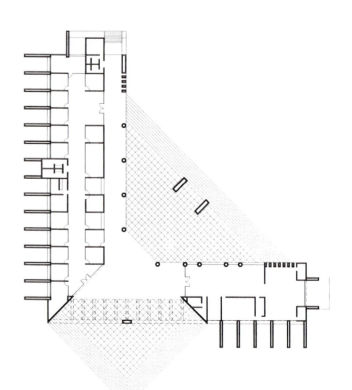

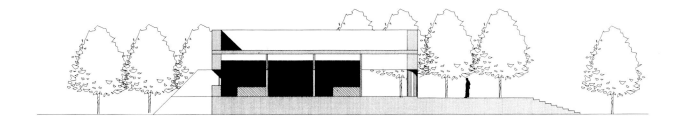

Mercado de Pino Suárez. México, D.F.
Sánchez Arquitectos

Pino Suárez Market. Mexico, D.F.
Sánchez Arquitectos

Cliente/Client:
Programa de mejoramiento del mercado ambulante del DDF/
Street market improvement programme of the DDF

Arquitectos/Architects:
Sánchez Arquitectos
y Asociados
Félix Sánchez
Luis Sánchez R.
Gustavo López
Fernando Mota
Álvaro Díaz
Raúl González

Cálculo estructural/
Structural calculation:
Colinas de Buen

Instalación hidráulica/
Hydraulics:
Garza Maldonado

Instalación eléctrica/Electrics:
Gustavo Fandiño
ingeniero/engineer

Ubicación/Site supervision:
José Ma. Pino Suárez
José Ma. Izazaga

Fecha de realización/
Date of execution:
1992

Fotografía/Photographs:
Ricardo Castro

El nuevo Mercado de Pino Suárez está situado fuera, pero en las proximidades del perímetro del centro histórico, en un entorno heterogéneo y desordenado de edificios de diferentes períodos: algunos de la época colonial, pasando por edificios de principios de siglo, hasta otros de los años cuarenta y finales de los sesenta.

Una serie de plataformas macizas de concreto, que compensan el empuje estructural de la estación de metro sobre la que se ubica, determinaron felizmente la situación del nuevo mercado, al no quedar alineado a ninguno de los ejes viales que lo circundan.

La estación del metro de Pino Suárez mueve diariamente a miles de usuarios. El proyecto propicia que el recorrido de los transeúntes se dé necesariamente por el interior de la plaza, entre la salida del metro y el paradero de autobuses.

Se trata, básicamente, de una cubierta ondulada de diseño ligero y transparente que, por su gran escala, da orden y sentido al contexto. Se apoya con unas columnas tubulares metálicas que, al estar inclinadas, propician su aspecto dinámico y contemporáneo.

The new Pino Suárez market is situated just outside the periphery of the historic centre of Mexico City, in a heterogeneous and disordered context of buildings from different periods, some dating from colonial times, by way of turn-of-the-century constructions and other from the forties and late sixties.

A series of massive concrete platforms compensates the structural thrust of the metro station on top of which the market is sited, affording a felicitous implantation that is not aligned with any of the surrounding road axes.

The Pino Suárez metro station is used by thousands of passengers every day. The project serves to direct the movement of these commuters through the interior of the square lying between the station entrance and the bus stop.

The scheme consists basically of a great undulating roof with a lightweight, transparent design, the grand scale of which bestows order and meaning on its context. This roof is supported on tubular metal columns, whose inclination contributes to the market's dynamic and contemporary visual aspect.

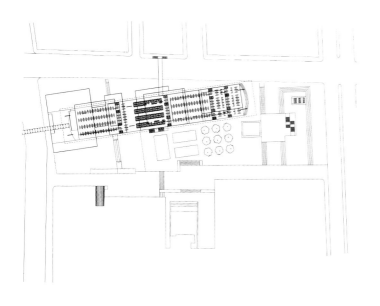

Edificio de Institutos de la Universidad Iberoamericana. México, D.F.
J. Francisco Serrano

Proyecto y dirección arquitectónica/Architectural project and supervision:
Francisco Serrano
arquitecto/architect

Proyecto de interiores/Interior design:
Francisco Serrano
Luis de Regil
Susana García Fuertes
arquitectos/architects

Proyecto de instalación hidrosanitaria/Plumbing and sanitation:
GHA y Asociados, S.A. de C.V.

Proyecto eléctrico/Electrics:
COESA

Mecánica de suelos/Soil mechanics:
Ingeniería Experimental, S.A. de C.V.

Proyecto estructural/Structures:
Colinas de Buen, S.A. de C.V.

Calefacción y ventilación/Air-conditioning scheme:
Diseño y proyectos, S.A. de C.V.

Proyecto de iluminación/Lighting:
STARCO, S.A. de C.V.

Proyecto de jardinería/Landscaping project:
Eliseo Arredondo
arquitecto/architect

Fotografías/Photographs:
Pedro Hiriart

Al sureste del predio de la Universidad Iberoamericana en Santa Fe, México, D.F., y sobre una avenida de reciente creación, se ubicó el Edificio de Institutos, señalando así el nuevo acceso al campus universitario.

El edificio de tres pisos de altura, de planta cuadrada, tiene un patio circular al centro, de 52 metros de diámetro, y está bisectado por un eje que lo liga al campus actual. La superficie construida total es de 11.000 metros cuadrados.

En la planta baja, el patio circular se divide en cuatro partes: el patio de acceso de Ciencias Económico-administrativas, el patio de acceso de Ciencias e Ingeniería, el patio de laboratorios de Ingeniería, y el patio comunitario. Esta parcelación dificulta la comprensión del patio en su totalidad, a nivel peatonal. En la planta baja de cada instituto están los espacios relacionados con el público, como el auditorio y la biblioteca. En el primer nivel, las oficinas administrativas, dirección y las aulas de seminarios, y, en el segundo nivel, los cubículos de investigadores y alumnos, todos con luz natural, rematando con terrazas la forma exterior. Las escaleras principales, sanitarios y elevador, se ubican en las esquinas de cada planta.

El edificio de Ciencias e Ingeniería anexo, tiene cubierta de diente de sierra, y resuelve el programa de necesidades especiales de los laboratorios.

El sistema constructivo es similar al resto de la universidad, predominando el uso del tabique especial tipo VIA usado como cimbra del concreto. La estructura sólo tiene apoyos en los bordes, dejando así las plantas libres. Las instalaciones son conductos aparentes diseñados especialmente, que, a su vez, son lámparas y soportes de las mismas.

Este edificio se integra al campus actual, manteniendo la unidad, a la vez que resuelve funciones distintas con formas distintas, y marca el nuevo acceso a la universidad.

Institutes building for the Universidad Iberoamericana. Mexico, D.F.
J. Francisco Serrano

To the south-east of the Universidad Iberoamericana complex in Santa Fe, Mexico, D.F., on a recently laid out avenue, stands the Institutes building, which effectively signals the new access to the university campus.

The three-storey building, square in plan, has a circular courtyard in the centre, 52 m in diameter, and is bisected by the axis which links it to the existing campus. The total built area is 11,000 m².

At grade, the circular courtyard is divided into four parts: the courtyard giving access to Economic and Administrative Sciences, the courtyard giving access to Sciences and Engineering, the Engineering laboratories courtyard, and the communal courtyard. This segmentation complicates the reading of the courtyard as a whole at pedestrian level. On the ground floor of each of the Institutes are the spaces of relation with the public, such as the auditorium and the library. On the first floor are the administrative and management offices and the seminar rooms, with the research and study rooms on the second floor, all receiving natural light, with terraces on the exterior. The main stairs, toilets and lift are located in the corners of each floor.

The adjacent Sciences and Engineering building has a serrated roof, thus resolving the programme for the laboratories, with their particular spatial requirements.

The construction system is similar to that of the rest of the university, with a predominant use of the special UIA-type partition as shuttering for the concrete. The structure is supported only on its edges, thus leaving the floor-plans free. The services are exposed, running in specially designed ducting, which also serves as light fixtures or housings for these.

This building is integrated into the existing campus, maintaining its unity while at the same time resolving the different functions on the basis of different forms and clearly marking the new access to the university.

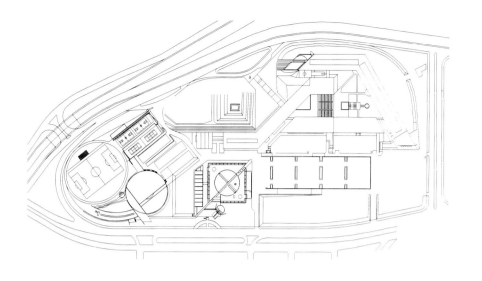

113

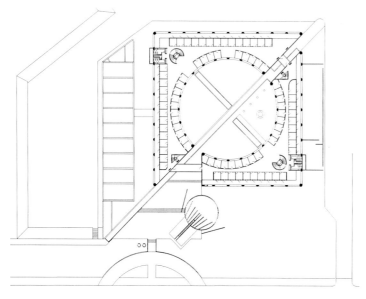

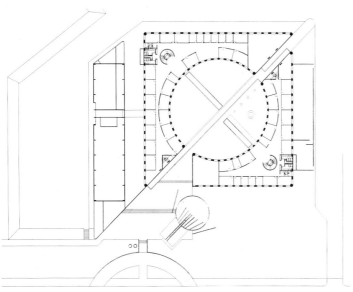

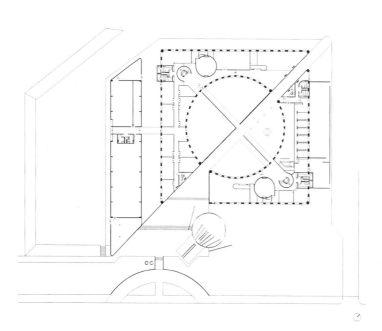

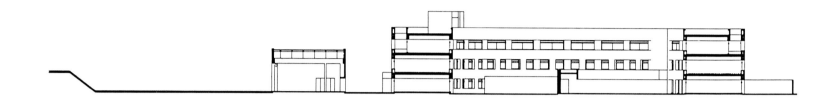

Hotel Westin Regina. Los Cabos.
Cerro Colorado, Baja California
Sordo Madaleno y Asociados

Ubicación/*Location:*
San José del Cabo, BCS

Concepto y diseño arquitectónico/*Concept and architectural design:*
Sordo Madaleno
y Asociados, S.C.
Javier Sordo Madaleno Bringas
José de Yturbe Bernal
arquitectos/*architects*

Fecha de proyecto/
Date of project:
1989

Fecha de construcción/
Date of construction:
1990-1993

Fotografía/*Photographs:*
Fernando Cordero

Este hotel está ubicado en el semidesértico "Cerro Colorado" de la península de Baja California y frente al Mar de Cortés. Teniendo en cuenta la topografía, el paisaje y el clima, así como el programa del hotel, se propone la creación de un "oasis" o espacio interior dentro de una gran muralla curva que alberga las habitaciones.

En la porción mas próxima al acceso al terreno, se localiza el edificio que alberga la recepción, estacionamiento y área de convenciones en varios niveles, aprovechando la configuración topográfica de manera que el acceso se tiene por la parte superior de la edificación, por medio de una plaza de acceso. En un nivel inferior al "oasis", se localiza la cafetería gozando de la vista del mar, y el área de albercas a través del vano central en el "muro" de habitaciones.

El restaurante de especialidades se ubica en una zona elevada y próxima al mar que permite una vista espectacular. Este restaurante es circular, propiciando una vista panorámica. El acceso a éste se ha diseñado por medio de un patio también circular con celosía, que sugiere, pero impide, la vista completa del restaurante.

Hacia un costado del hotel, siguiendo la línea de la playa, se localizan las villas condominales en unidades de dos y tres pisos, situadas en tres plataformas diferentes incrustadas en la ladera, y en un tratamiento formal que pretende ser una textura que, aunque es evidentemente diferente en escala y manejo al edificio de habitaciones, mantiene un lenguaje de identidad entre ambos.

En cuanto a los materiales utilizados en los acabados, se han utilizado aquellos que establecen correspondencia con la fuerza y la sobriedad del lugar, tales como aplanados, recubrimientos pétreos en pisos, madera y colores base; el del terreno en exteriores y el de la arena en interiores, con acentos de color provocando contrastes y definiendo paños.

Hotel Westin Regina. Los Cabos.
Cerro Colorado. Baja California
Sordo Madaleno y Asociados

The hotel is situated in the semi-desert Cerro Colorado region of the Baja California peninsula, overlooking the Sea of Cortés. In view of the topography, the landscape and the climate, together with the hotel's programme, the scheme proposed the creation of an "oasis" or interior space inside a great curving wall which would accommodate the guest rooms.

In the area closest to the access to the site is the building which houses the reception, the car park and the convention zone, laid out on several levels exploiting the topography in such a way that the access is effected on the upper part of the building, by means of an entrance courtyard. The cafeteria is situated on the level below the oasis, once again with a view of the sea and the are occupied by the swimming pools through the central void in the "wall" of guest rooms.

The speciality restaurant is located on a raised zone close to the beach, with spectacular views. This restaurant is circular, thus providing panoramic views of its surroundings, with access by way of a courtyard, also circular, with a lattice which at once suggests and impedes a full view of the restaurant.

To one side of the hotel, following the line of the beach, are the condominium villas, in two- and three-flat units, situated on three different platforms on the side of the hill, with a formal quality that sets out to confer a texture. Although this is evidently different. In scale and treatment from the wall of hotel rooms, the two elements nevertheless maintain a certain linguistic identity.

The materials used for the finishes have been chosen with the aim of establishing a correspondence with the strength and sobriety of the setting: plaster rendering, stone for the floors, wood; and basic colours –of the earth for the exteriors, and the sand for the interiors– with colour highlights to provide contrast and define different areas.

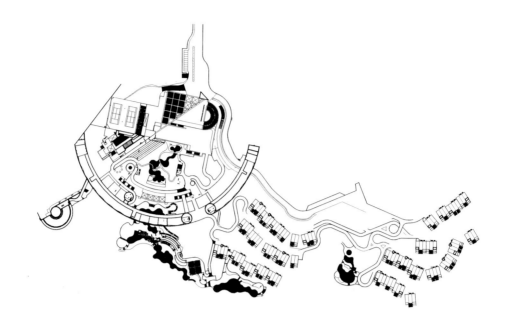

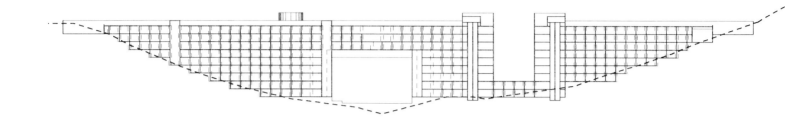

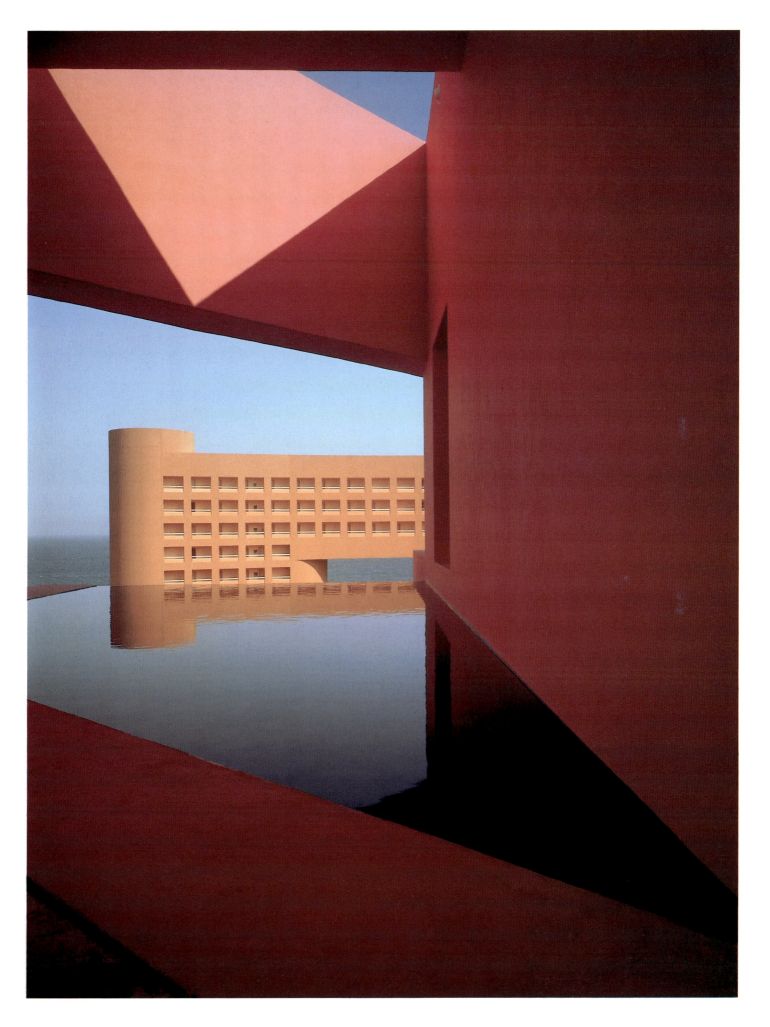

Escuela Nacional de Teatro. México, D.F.
TEN Arquitectos

National Theatre School. Mexico, D.F.
TEN Arquitectos

Arquitecto/*Architect:*
TEN Arquitectos
Enrique Norten
Bernardo Gómez-Pimienta

Equipo de proyecto/
Project team:
Gustavo Espitia, Héctor L. Gámiz,
Miguel Ángel González, Armando
Hashimoto, Miguel Ángel Junco,
Carlos Valdez, Óscar Vargas

Año de diseño/*Date of project:*
1993

Año de construcción/
Date of construction:
1994

Cliente/*Client:*
Consejo Nacional para la Cultura y
las Artes

Diseño estructural/
Structural design:
Alonso-García y Miranda,
ingenieros/*engineers*

Ingeniería mecánica/
Mechanical engineering:
Tecnoproyectos

Diseño acústico/
Acoustic design:
Jaffe, Scarborough & Holden

Mecánica teatral/
Theater mechanical
Jules Fisher

Contratista/*Contractor:*
DDF/Dirección de Obras/
Works supervision
Francisco de Pablo
Jesús Esteva (site)
ingenieros/*engineers*

Administración de obra/
Works administration:
Rioboo, S.A.

Fotografía/*Photographs:*
Armando Hashimoto
Luis Gordoa

La Escuela Nacional de Teatro está situada en el extremo más urbano del Centro Nacional de las Artes, ciudad de México. Dos arterias urbanas perpendiculares –Río Churubusco y Calzada de Tlalpan– permiten ver en movimiento una gran cubierta cilíndrica en metal como objeto-icono del nuevo centro cultural. Esta gran cubierta es la expresión homogénea y unitaria con la que el proyecto dialoga en el confuso entorno en que está inmerso, y es la contenedora de un conjunto de volúmenes y planos diferentes que integran los 10.000 m² del programa. Los espacios incluyen tres áreas de *performance* y sus áreas de servicio y apoyo como son las salas de lectura, la oficina de administración, una cafetería, un gimnasio, estudios escenográficos, laboratorios de diseño de vestuario y una biblioteca.

La estructura de la mencionada cubierta libra un claro de 32 metros y está formada por 12 arcos en tubo de acero rolado, de 60 centímetros de diámetro, que se articulan en sus dos extremos, uno en el nivel cero, y el otro a 18 metros de altura. Estos arcos se complementan por un sistema de cables diseñados para responder a las distintas cargas y fuerzas que actúan sobre la cubierta, y, a su vez, están unidos entre sí por un sistema de elementos rígidos –tubulares en acero de sección rectangular– en el sentido perpendicular al eje de la estructura principal, y otro plano de contravientos –barras de acero– paralelo al anterior. La membrana de la cubierta está formada por dos capas de lámina de acero acanalada y rolada con un elemento aislante entre ambas.

The National Theatre School is situated on the most urban edge of the National Arts Centre, in Mexico City. A pair of perpendicular urban arteries –Río Churubusco and Calzada de Tlalpan– afford views in motion of the great cylindrical metal roof, the icon-object of the new cultural facility. This great roof is the homogeneous and unitary expression by means of which the project establishes a dialogue with the confused surroundings in which it stands, and is the container of the complex of different volumes and planes comprising the 10,000 m² of the programme. The various spaces include three performance areas and their respective service and support areas, such as reading rooms, the administrative office, a cafeteria, a gymnasium, set workshops, costume design studios and a library.

The structure of the great roof clears a span of 32 metres, and is formed by twelve arcs of curving tubular steel, 68 cms in diameter, articulated at either end – at grade and 18 m above ground level. These arcs are complemented by a system of cables designed to absorb the different loads and forces acting on the roof, and are connected to one another by a system of rigid members: rectangular-section steel tubes perpendicular to the axis of the main structure, with a second plane of wind braces consisting of steel bars parallel to the first. The skin of the roof is composed of two layers of curving corrugated steel sheeting, with a layer of insulating material between them.

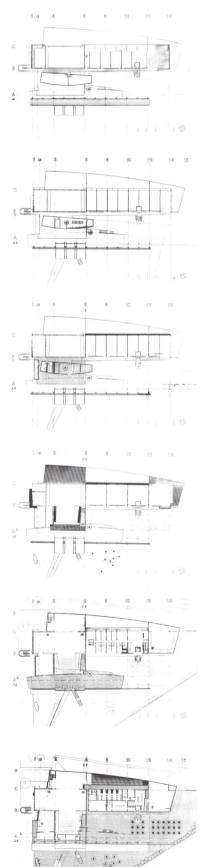

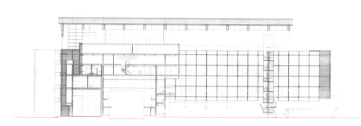

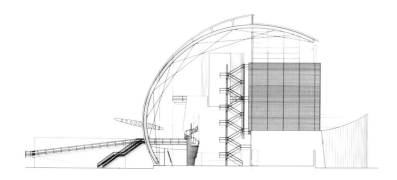

130

Tribunal Federal Electoral.
México, D.F.
Facultad de Arquitectura de la UNAM

Coordinador del proyecto arquitectónico/
Project coordination:
Gabriel Mérigo Basurto
M. en Arq./*M. Arch.*

Proyecto/*Project:*
Rodrigo Hernández C.
Josué Mejía S.
arquitectos/*architects*
Armando Oliver S.
Itzbel Alba S.
Fernando Becerril S.
Francisco de la Isla O.
Daniel Holguín F.
Pedro Domínguez V.
Lorena Bourillón M.

Diseño de cubierta del edificio pleno/*Design of roof of plenary sessions building:*
Dr. Gerardo Oliva S.

Diseño estructural/
Structural design:
Colinas de Buen, S.A.

Instalaciones eléctricas/
Electrical services:
Ignacio González C.
ingeniero/*engineer*

Instalaciones hidrosanitarias/
Hydraulics and sanitation:
Néstor Lugo Z.
arquitecto/*architect*

Fecha de proyecto y construcción/*Date of project and construction:*
1994

Fotografía/*Photographs:*
Paul Czitrom
arquitecto/*architect*

Se diseñó el conjunto arquitectónico planteándose las oficinas en torno a patios y jardines para establecer un fuerte vínculo entre el espacio interior y el exterior. El elemento arquitectónico característico lo constituye el Edificio del Pleno, que es el espacio principal en donde se desarrollan las sesiones protocolarias. Al frente, se presentan en la fachada principal, tres altos cilindros de concreto que contrastan con el sobrio acabado de cantera del Edificio Jurídico.

Hacia la avenida principal, el conjunto se remete y deja un espacio público contenido por un edificio de seis niveles que alberga las oficinas de carácter jurídico. Este espacio contiene una plaza inclinada rodeada por un jardín de piedra braza y sauces llorones. En este jardín se asienta el salón del pleno, el elemento más simbólico del proyecto. Sobre esta plaza inclinada se desplantan los tres cilindros como elementos jerárquicos donde se ubican las oficinas de Magistrados y Secretario General. Esta plaza se convierte en el acceso principal al atravesar el edificio y provocar un pórtico como espacio de transición entre la plaza pública y un jardín, contenido por los otros dos cuerpos que componen el conjunto.

Del lado derecho se encuentra, en un cuadrante público-privado, el cuerpo que aloja las oficinas de difusión y capacitación, así como una biblioteca, aulas y un auditorio para capacitación en materia electoral. Detrás de este edificio se encuentra un pequeño patio con hiedra y cinco ciruelos. Simétricamente al patio de las jacarandas, el cuerpo restante contiene las oficinas administrativas y de cómputo. Este edificio se abre visualmente a 45 grados hacia el Cerro de la Estrella. La composición del edificio parte de la intersección de dos muros que marcan la circulación central y divide los cuerpos en dos zonas: las áreas libres hacia los espacios públicos, y los cubículos privados hacia un patio contenido por el mismo edificio administrativo.

Federal Electoral Tribunals building.
Mexico, D.F.
Architecture Faculty of the UNAM

The architectural complex was designed with the offices around courtyards and gardens to establish a strong link between inside and outside spaces. The characteristic architectural element is represented by the Plenum Building, which is the main space where the general assembly meets. Three tall concrete cylinders stand to the front, on the main facade, contrasting with the sober quarry finishing of the Juridical Building.

Towards the main avenue the complex leaves a public space contained by a six level building lodging the legal offices. There is an inclined square surrounded by stone and weeping willow garden. The Plenum Hall, the most symbolic element in the project is set on the Magistrates' and General Secretary's offices, stand on the inclining square. This square becomes the main access as it crosses the building and creates a portico which works as a transition space between the public square and a garden contained by the other two bodies that form part of the complex.

To the right side inside a public-private quadrant there is a body lodging the social communication and training offices, as well as a library, classrooms and an auditorium for electoral training. Behind this building there is a small courtyard with ivy and five plum trees. Symmetrical to the jacarandas courtyard, the remaining body lodges the management offices and the computer services. This building pattern is generated by a visual 45 degree line towards the Estrella Hill, the most important topographical presence in the place. The building composition starts on the intersection of two walls defining the central circulation and dividing the bodies in two areas: the free areas towards the public spaces and the private cubicles towards a courtyard containing the same management building.

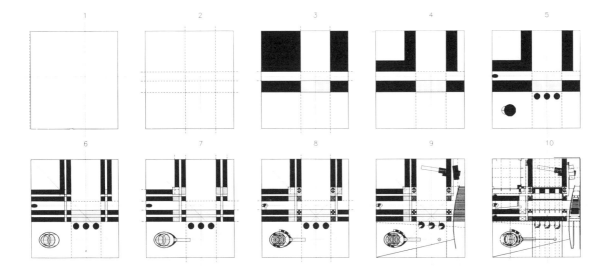

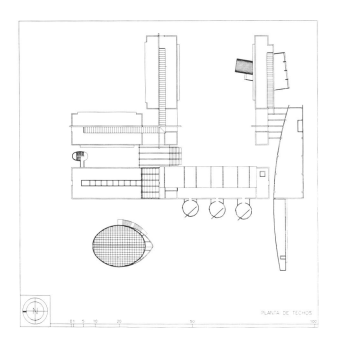

PLANTA DE TECHOS

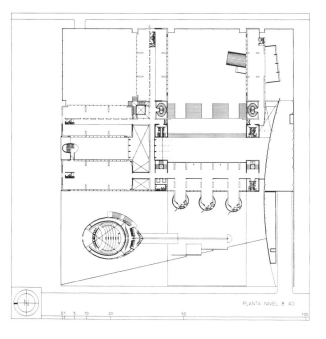

PLANTA NIVEL 8.40

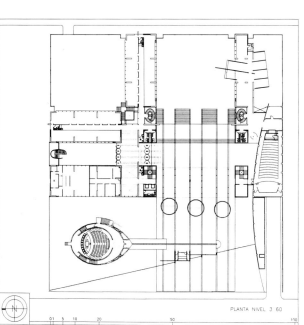

PLANTA NIVEL 3.60

Auditorio y centro de convenciones, Tuxtla Gutiérrez, Chiapas
Abraham Zabludovsky

Arquitecto/*Architect:*
Abraham Zabludovsky

Arquitecto asociado/*Associate architect:*
Francisco López

Artista/*Artist:*
Moisés Zabludovsky

Fecha/*Date:*
1993

Fotografía/*Photographs:*
Timothy Hursley

Los edificios que conforman este centro urbano de carácter cívico, turístico y comercial, se proyectaron para un terreno de 42 hectáreas ubicado entre las dos avenidas más importantes de la capital del estado de Chiapas, México. El proyecto incluye un auditorio, un centro de convenciones, una área comercial y zona hotelera, además de una zona cultural integrada por biblioteca, galería de arte y espacios de esparcimiento. Durante la primera etapa de construcción, se realizaron el Auditorio y el centro de convenciones y exposiciones. El Auditorio, con capacidad para 3.900 espectadores, fue concebido como un gran volumen cilíndrico –con diámetro aprox. de 70 m– que contiene la sala principal, los vestíbulos y las circulaciones de acceso; este volumen, a su vez, está intersectado por otro cuerpo romboidal en el que se ubican los servicios de apoyo. Bajo la galería, se localiza el "vestíbulo al aire libre" concebido como un espacio que comunica a la sala por medio de rampas y escaleras. A un lado del auditorio se localiza un volumen cilíndrico en el que se ubican los servicios sanitarios, las rampas helicoidales de acceso al balcón y galería, así como las salidas de emergencia del nivel superior.

El centro de convenciones y exposiciones, cuenta con dos niveles para fiestas, banquetes o exhibiciones, y un vestíbulo de acceso de forma semicircular. En el interior, una galería de doble altura eslabona los espacios útiles concebidos como una sala para 1.500 personas que puede subdividirse en espacios de diferentes tamaños. En un extremo del edificio se localiza el restaurante y, en el opuesto, las oficinas que cuentan con un patio interior cubierto. Al fondo del edificio, un volumen rectangular contiene los servicios de apoyo que complementan el conjunto.

Los acabados generales de ambos edificios en muros, columnas y rampas son de concreto con grano de mármol cincelado, expuesto, que contrastan con los tableros de aluminio que recubren la parte frontal del Auditorio.

Auditorium and conference centre, Tuxtla Gutierrez, Chiapas
Abraham Zabludovsky

The buildings which make up this Urban Centre, with its civic, touristic and commercial character, were designed for a 42-hectare plot situated between two of the most important avenues in the capital of the state of Chiapas, Mexico. The project includes an auditorium, a conference centre, a commercial area and a hotel zone, together with the cultural zone comprising a library, art gallery and recreational spaces. The first phase of construction saw completion of the auditorium and the conference and exhibition centre. The auditorium, with capacity for 3,900 spectators, was conceived as a great cylindrical volume –with a diameter of some 70 metres– which contains the main hall, the vestibules and the access circulation routes; this volume is intersected in turn by another, rhomboidal volume which houses the support services. Beneath the gallery is the "open-air vestibule", conceived as a space communicating with the hall by way of ramps and stairs. To one side of the auditorium is a cylindrical volume containing the toilets, the helical ramps giving access to the balcony and gallery, and the emergency exits from the upper level.

The conference and exhibition centre, has two floors for parties, banquets or exhibitions, and a semi-circular access vestibule. In the interior, a double-height gallery links together the usable spaces, conceived as a functions hall for up to 1,500 people; this can be subdivided into spaces of various sizes. At one end of the building is the restaurant, with the offices at the other, with an interior courtyard. At the back of the building, a rectangular volume contains the various support services for the complex.

The general finishes used in both buildings for walls, columns and ramps are of exposed marbled concrete, in contrast to the aluminium panels on the front part of the auditorium.

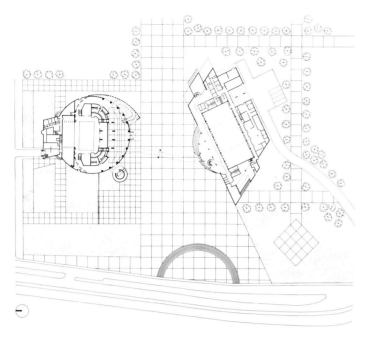

144

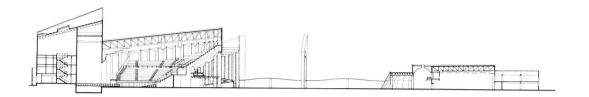

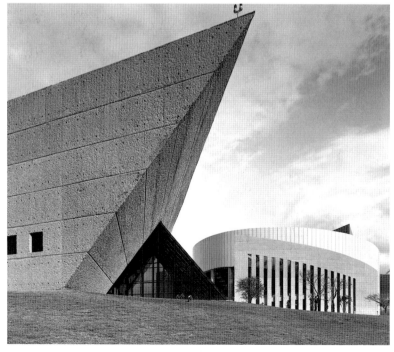

Biografías/*Biographies*

Albin, Vasconcelos, Elizondo

Enrique Albin

Nace en la ciudad de México en 1954. Estudia en la Universidad Iberoamericana de 1972 a 1977, obteniendo el título con mención honorífica. En la Universidad de Columbia obtiene una maestría en Planeación Urbana de 1978 a 1979, y al año siguiente, toma una maestría de Diseño Arquitectónico y Urbano en la Universidad de Cornell. De 1981 a 1985 es socio del despacho Albin y Norten Arquitectos Asociados, S.C. y, desde 1985 hasta la fecha, de Albin, Vasconcelos, Elizondo, Arquitectos. Entre 1981 y 1989 es profesor de Diseño Arquitectónico en la Universidad Iberoamericana.

Born in Mexico City in 1954. Studied at the Universidad Iberoamericana from 1972 to 1977, obtaining his degree with honours. He studied at Columbia University during 1978 and 1979, receiving the Master's degree in Town Planning, and the following year took a Master's in Architectural and Urban Design at Cornell University. From 1981 to 1985 he was a partner in Albin Norten Arquitectos Asociados S.C., and since 1985 has been a partner in Albin, Vasconcelos, Elizondo Arquitectos. Between 1981 and 1989 he taught Architectural Design at the Universidad Iberoamericana.

Fernando Vasconcelos

Nace en 1956 en la ciudad de México. Estudia en la Universidad Iberoamericana graduándose en 1980. Entre los años 1982 y 1985 es colaborador y asociado del despacho Albin y Norten Arquitectos, S.C. A partir de 1985, es socio de Albin, Vasconcelos, Elizondo, Arquitectos. De 1980 a 1988 es profesor de Diseño Arquitectónico en la Universidad Iberoamericana.

Born in Mexico City in 1956. Studied at the Universidad Iberoamericana, graduating in 1980. From 1982 to 1985 he was a collaborator and associate with Albin Norten Arquitectos S.C., and since 1985 has been a partner in Albin, Vasconcelos, Elizondo Arquitectos. From 1980 to 1988 he taught Architectural Design at the Universidad Iberoamericana.

Alejandro Elizondo

Nace en 1958 en Durango. Estudia en la Universidad Iberoamericana de 1977 a 1981. Es colaborador y asociado de Albin y Norten Arquitectos, S.C. de 1982 a 1985. Desde 1985 hasta la fecha, es socio de Albin, Vasconcelos, Elizondo, Arquitectos. Es profesor de la Universidad Iberoamericana en el período de 1982-1989.

Born in Durango in 1958. Studied at the Universidad Iberoamericana from 1977 to 1981. From 1982 to 1985 he was a collaborator and associate with Albin Norten Arquitectos S.C., and since 1985 has been a partner in Albin, Vasconcelos, Elizondo Arquitectos. Between 1982 and 1989 he taught Architectural Design at the Universidad Iberoamericana.

Aja, Ondarza y Santos

Marisa Aja, Fernando Ondarza y Carlos Santos

Nacen en la ciudad de México en los años cincuenta. Estudian en la Universidad Iberoamericana de 1973 a 1978.

Born in Mexico City in the fifties, and studied at the Universidad Iberoamericana between 1973 and 1978.

Isaac Broid

Nace en 1952 en la ciudad de México. Estudia arquitectura en la Universidad Iberoamericana, de 1970 a 1975. En 1978-1979 obtiene una maestría en Diseño Urbano en el Politécnico de Oxford, Inglaterra. Se asocia con el arquitecto Agustín Landa, de 1981 a 1985, y, con los arquitectos Aurelio Nuño y Carlos McGregor, de 1985 a 1990. Desde 1991 tiene su propio despacho en la ciudad de México. De 1982 a 1985 es profesor del área de Proyectos de la Universidad Iberoamericana, y en 1994, profesor del área de Proyectos en el Taller Max Cetto de la UNAM. Es miembro fundador de la revista *Arquitectura*, y forma parte del consejo editorial.

Born in Mexico City in 1952. Studied architecture at the Universidad Iberoamericana from 1970 to 1975. In 1978-1979 was awarded the Masters degree from Oxford Polytechnic, England. He worked in partnership with the architect Agustín Landa from 1981 to 1985, and with the architects Aurelio Nuño and Carlos McGregor from 1985 to 1990. Since 1991 he has run his own office in Mexico City. From 1982 to 1985 he was tutor in the Projects department at the Universidad Iberoamericana, and in 1994 was tutor in the Projects department in the Taller Max Cetto at the UNAM. He was a co-founder of the magazine Arquitectura, and member of the Editorial Board.

Andrés Casillas

Nace en la ciudad de México en 1934. Estudia en la Escuela de Arquitectura de Guadalajara, Jalisco, de 1952 a 1955, en la UNAM de 1955 a 1956, y de 1957 al 1961 en la Hochschule Fur Gestaltung (Bauhaus) Ulm, Alemania. Mientras tanto, en 1958 colabora en el proyecto del plano regulador de la ciudad de Estanan, Irán. En 1959 realiza un Stage en el taller de Mangiarotti e Morazutti, Milán, y en 1960, en el Instituto de Investigaciones de la Hochschule Fur Gestaltung. De vuelta a México trabajó en el taller de Augusto Álvarez de 1962 a 1963, y colabora con Luis Barragán de 1964 a 1968, hasta que en 1969 abre su propio taller en México.

Born in Mexico City in 1934. He studied at the Guadalajara School of Architecture, Jalisco, from 1952 to 1955, at the UNAM in Mexico City during 1955-56, and from 1957 to 1961 at the Hochschule für Gestaltung (Bauhaus) in Ulm, Germany. During this period, in 1958 he collaborated on the Urban Plan for the city of Estanan, Iran. In 1959 he worked in the Mangiarotti e Morazutti studio in Milan, and in 1960 at the Hochschule für Gestaltung's Research Institute. On his return to Mexico he worked in Augusto Alvarez's studio during 1962-1963, and with Luis Barragán from 1964 to 1968, before opening his own office in Mexico in 1969.

Luis Vicente Flores

Nace en la ciudad de México en 1953. Estudia arquitectura en la UNAM de 1972 a 1977. En 1979 obtiene un posgrado de Urbanismo en la UNAM. En 1981 se diploma en Diseño Urbano y Planificación Regional en la Universidad de Edimburgo, Escocia. En 1982-1983 obtiene un posgrado en arquitectura en la ETSAB de Barcelona.

Born in Mexico City in 1953. Studied architecture at the UNAM from 1972 to 1977. In 1979 he received the postgraduate degree in Urbanism from the UNAM. In 1981 he obtained the diploma in Urban Design and Regional Planning from the University of Edinburgh, Scotland. In 1982-1983 he was awarded the postgraduate degree in Architecture from the ETSAB in Barcelona.

Gantous, Gantous, Hamui

Claudio Gantous estudia en la Universidad Iberoamericana de 1982 a 1987. **Christian Gantous** estudia en la Universidad Iberoamericana de 1989 a 1992. **Simón Hamui** estudia Industrial Design en el Pratt Institute de Nueva York de 1982 a 1986. Están asociados desde 1991.

__Claudio Gantous__ studied at the Universidad Iberoamericana from 1982 to 1987. __Christian Gantous__ studied at the Universidad Iberoamericana from 1989 to 1992. __Simón Hamui__ studied Industrial Design at the Pratt Institute in New York from 1982 to 1986. They have been in partnership since 1991.

Teodoro González de León

Nace en la ciudad de México en 1926. Estudia en la Escuela Nacional de Arquitectura de México en 1942-1947, obteniendo mención honorífica en su tesis profesional. Obtiene una beca del gobierno de Francia y trabaja en el taller de Le Corbusier, donde trabaja como residente en la obra de la "Unidad de Habitación de Marsella" y como encargado del edificio de "Manufacturas de St. Die" entre 1948 y 1949 en Francia. A partir de 1966 y hasta 1991, colabora con Abraham Zabludovsky y, desde 1982, intercala colaboraciones con J.F. Serrano. Ha sido premiado, reconocido y publicado en todo el mundo.

Born in Mexico City in 1926. Studied at the Escuela Nacional de Arquitectura de Mexico from 1942 to 1947, gaining an Honourable Mention for his final thesis. He was awarded a grant by the French government, and worked in Le Corbusier's studio in France as project assistant on the "Unité d'Habitation" in Marseille and as job architect on the St. Dié factory during 1948 and 1949. From 1966 to 1991 he worked in collaboration with Abraham Zabludovsky, and since 1982 has collaborated with J. F. Serrano. His work has been published internationally, and he has gained recognition and awards around the world.

Agustín Landa y Jorge Alessio-Robles

Agustín Landa

Nace en la ciudad de México en 1951. Obtiene la licenciatura, en 1977, por la Universidad Iberoamericana. En 1978 obtiene una maestría de Diseño Urbano en el Oxford Polytechnic, Gran Bretaña. Hasta la fecha, ha colaborado en varios proyectos urbanos con los arquitectos Isaac Broid, Sánchez Arquitectos y Asociados, y con Jorge Alessio-Robles. Entre los años 1975 y 1993, su actividad docente se reparte entre la Universidad Iberoamericana como profesor de Proyectos, y el Instituto Tecnológico y de Estudios Superiores de Monterrey.

Born in Mexico City in 1951. Obtained his degree from the Universidad Iberoamericana in 1977. In 1978 he was awarded the Masters degree in Urban Design from Oxford Polytechnic, Great Britain. To date he has collaborated on various urban projects with the architects Isaac Broid, Sánchez Arquitectos y Asociados and Jorge Alessio-Robles. Between 1975 and 1993 he divided his teaching activities between the Universidad Iberoamericana, where he was Design tutor, and the Instituto Tecnológico de Estudios Superiores in Monterrey.

Jorge Alessio-Robles

Nace en la ciudad de México en 1958. Es egresado de la Universidad Iberoamericana, generación 1977, y, posteriormente obtiene la maestría de Diseño Urbano en la Universidad de Pennsylvania, entre 1984 y 1986. Fue coordinador de proyectos del despacho de Ricardo Legorreta y, posteriormente, se asocia con Agustín Landa formando el despacho Landa, Alessio-Robles Arquitectos. Profesor visitante de la Escuela de Arquitectura de la Universidad de Texas.

Born in Mexico City in 1958. Obtained his degree from the Universidad Iberoamericana in 1977, and went on to gain the Masters degree in Urban Design from the University of Pennsylvania, where he studied from 1984 to 1986. He was coordinator of projects in Ricardo Legorreta's office, and subsequently went into partnership with Agustín Landa, forming the firm of Landa, Alessio-Robles Arquitectos. Visiting professor at the University of Texas.

LBC Arquitectos

Alfonso López Baz nace en la ciudad de México en 1947. **Javier Calleja** también nace en la ciudad de México, en 1944. Ambos estudian en la UNAM y se reciben en 1971. Desde este año trabajan juntos, y, en 1987, forman LBC Arquitectos, S.C. Han sido publicados internacionalmente.

***Alfonso López Baz** was born in Mexico City in 1947. **Javier Calleja** was also born in Mexico City, in 1944. Both studied at the UNAM, graduating in 1971. That same year they began working together, and founded LBC Arquitectos S.C. in 1987. Their work has been published internationally.*

Legorreta Arquitectos

Ricardo Legorreta

Nace en la ciudad de México en 1931. Se titula por la UNAM en 1953. Es socio de José Villagrán de 1955 a 1960. Práctica profesional desde 1960 en Legorreta Arquitectos en México, D.F. y en Los Ángeles. Premiado, reconocido y publicado en todo el mundo.

Born in Mexico City in 1931. He graduated from the UNAM in 1953. He worked in partnership with José Villagrán between 1955 and 1960, founding his own practice, Legorreta Arquitectos, in 1960, with offices in Mexico City and Los Angeles. His work has been published internationally, and he has gained recognition and awards around the world.

Víctor Legorreta

Obtiene el título en la Universidad Iberoamericana en 1990. Trabaja en los despachos de Martorell, Bohigas, Mackay de Barcelona en 1987, y de Leason, Pomeroy & Associates de Irvine, California, y, de Fumihico Maki de Japón en 1988. Desde 1991 es socio de Legorreta Arquitectos.

Graduated from the Universidad Iberoamericana in 1990. In 1987 he worked in the offices of Martorell, Bohigas, Mackay in Barcelona, and of Leason, Pomeroy & Associates in Irvine, California; in 1988 he worked in the office of Fumihiko Maki in Japan. He has been a partner in Legorreta Arquitectos since 1991.

Noé Castro

Estudia en la UNAM de 1949 a 1953. Trabaja en el despacho de José Villagrán de 1951 a 1960, y de 1960 a 1966 es profesor de Diseño en la Escuela de Arquitectura de la UNAM. Desde 1963 hasta la fecha es socio de Legorreta Arquitectos.

Studied at the UNAM from 1949 to 1953 He worked in the office of José Villagrán between 1951 and 1960, and from 1960 to 1966 was Design tutor at the UNAM Architecture School. He has been a partner in Legorreta Arquitectos since 1963.

Javier Sordo Madaleno/ José de Yturbe

Javier Sordo Madaleno

Nace en la ciudad de México en 1956. Estudia en la Universidad Iberoamericana de 1974 a 1979. Colabora con José de Yturbe durante los años 1980-1982, y, desde 1982, es director general de Sordo Madaleno Arquitectos, S.C.

Born in Mexico City in 1956. Studied architecture at the Universidad Iberoamericana from 1974 to 1979. He worked with José de Yturbe from 1980 to 1982, and since 1982 has been general manager of Sordo Madaleno Arquitectos S.C.

José de Yturbe

Nace en 1942 en la ciudad de México. De 1963 a 1969 estudia en la Universidad Iberoamericana. Colabora en múltiples despachos de México resaltando especialmente los de Augusto Álvarez, Andrés Casillas y Sordo Madaleno.

Born in Mexico City in 1942. Studied at the Universidad Iberoamericana from 1963 to 1968. Of note amongst the numerous architectural offices in Mexico in which he has worked are those of Augusto Alvarez, Andrés Casillas and Sordo Madaleno.

Augusto Quijano

Nace en Mérida, Yucatán, en 1955. Estudia en la Universidad Iberoamericana de México de 1974 a 1979. Trabaja en Mérida.

Born in Mérida, Yucatán, in 1955. Studied architecture at the Universidad Iberoamericana in Mexico from 1974 to 1979. He works in Mérida.

Sánchez Arquitectos

En 1969 los arquitectos Félix Sánchez Aguilar y Luis Sánchez Renero se asocian, trabajando en diferentes proyectos hasta 1973. En este año, la sociedad se amplía con la participación de Alberto Robledo Landero, Gustavo López Padilla y Fernando Mota Fernández, fundándose Sánchez Arquitectos y Asociados.

In 1969 the architects Félix Sánchez Aguilar and Luis Sánchez Renero went into partnership, working together on various projects until 1973, when the firm was expanded with the inclusion of Alberto Robledo Landero, Gustavo López Padilla and Fernando Mota Fernández, under the name of Sánchez Arquitectos y Asociados.

Félix Sánchez Aguilar

Estudia en la UNAM, recibiéndose en 1968 con medalla de oro y mención honorífica. Estudios de posgrado en Planificación Urbana y en Arquitectura de 1971 a 1973 en la Universidad de Pennsylvania.

Studied at the UNAM, graduating in 1968 with the Gold Medal and an Honourable Mention. Postgraduate studies in town planning and architecture from 1971 to 1973 at the University of Pennsylvania.

Luis Sánchez Renero

Estudia en la UNAM, recibiéndose con mención honorífica.

Studied at the UNAM, graduating with an Honourable Mention.

Gustavo López Padilla

Estudia en la UNAM, recibiéndose en 1972. Reconocido autor de textos sobre teoría arquitectónica.

Studied at the UNAM, graduating in 1972. Recognized authority on Architectonic Theory, with numerous published texts.

Fernando Mota Fernández

Estudia en la UNAM, recibiéndose en 1972.

Studied at the UNAM, graduating in 1972.

Álvaro Díaz Escobedo

Estudia en la Universidad Iberoamericana de 1971 a 1976. En 1972 ingresa en el despacho de Luis Sánchez, Félix Sánchez y Manuel Lascurain, hasta que, en 1982, ingresa como socio de la firma de Sánchez Arquitectos Asociados.

Studied at the Universidad Iberoamericana between 1971 and 1976. In 1972 he started working in the office of Luis Sánchez, Félix Sánchez and Manuel Lascurain, becoming a partner in Sánchez Arquitectos Asociados in 1982.

Raúl González Martínez

Estudia en la UNAM, recibiéndose en 1980. En 1992 obtiene una maestría de Diseño Urbano en la UNAM. También en 1992 ingresa como socio de la firma Sánchez Arquitectos Asociados.

Studied at the UNAM, graduating in 1980. In 1992 he received the Master's degree in Urban Design; in the same year he became a partner in Sánchez Arquitectos Asociados.

J. Francisco Serrano

Nace en la ciudad de México en 1937. Estudia en la Universidad Iberoamericana de 1955 a 1960, obteniendo mención honorífica por su tesis profesional. En 1968 es el representante de México en el Encuentro de Jóvenes Arquitectos celebrado en México, D.F. dentro de la XIX Olimpiada. En 1974 es catedrático fundador de la Universidad de la Salley; en 1980 obtiene el diploma de Mérito Universitario en la UIA. Premiado y publicado nacional e internacionalmente, colabora periódicamente con Teodoro González de León, y tiene su propio despacho en la ciudad de México.

Born in Mexico City in 1937. Studied at the Universidad Iberoamericana from 1955 to 1960, obtaining an Honourable Mention for his final thesis. In 1968 he represented Mexico in the Encounter of Young Architects held in Mexico City as part of the XIX Olympic Games. In 1974 he was founding professor of the Universidad de La Salle, and in 1980 received the University Diploma of Merit from the UIA. With published work and awards both nationally and internationally, he periodically collaborates with Teodoro González de León, and has his own office in Mexico City.

TEN Arquitectos

Enrique Norten

Nace en 1954 en la ciudad de México. Estudia en la Universidad Iberoamericana, finalizando en 1978. En 1980 obtiene una maestría en Arquitectura de la Cornell University, Ithaca, Nueva York. De 1981 a 1985, es codirector de Albin y Norten Arquitectos, y, desde 1986, dirige TEN Arquitectos. Es miembro fundador de la revista *Arquitectura*, y forma parte de su consejo editorial. Ha sido profesor en numerosas escuelas de arquitectura y en la actualidad es profesor invitado en la Sci Arc de Los Ángeles y en la Cornell University de Nueva York.

Born in Mexico City in 1954. Studied at the Universidad Iberoamericana graduating in 1978. In 1980 he obtained a Master's degree in architecture from Cornell University, Ithaca, N.Y. From 1981 to 1985 he was a partner in Albin Norten Arquitectos Asociados S.C., and since 1986 has been director of TEN Arquitectos. A co-founder of the magazine Arquitectura, and member of the Editorial Board. He has taught at many schools of architecture and is currently visiting professor at the SciArc in Los Angeles and at Cornell University in New York.

Bernardo Gómez Pimienta

Nace en 1961 en Bruselas, Bélgica. Estudia en la Universidad Anáhuac en la ciudad de México, licenciándose en 1986. En 1987 obtiene la maestría de Arquitectura en la Universidad de Columbia. Desde 1987 se asocia a TEN Arquitectos. Es profesor asistente en la Universidad Iberoamericana, de 1987 a 1988; y en la Universidad Anáhuac en 1989. Actualmente, es profesor de Diseño en la Unidad de Posgrado de la UNAM, y profesor invitado en Sci Arc de Los Ángeles.

Born in Brussels, Belgium, in 1961. Studied at the Universidad Anáhuac in Mexico City, graduating in 1986. In 1987 he obtained a Master's degree in architecture from Columbia University. He has been a partner in TEN Arquitectos since 1987. Assistant tutor at the Universidad Iberoamericana during 1987-1988, and at the Universidad Anáhuac in 1989. He is currently Design tutor in the Postgraduate Unit at the UNAM, and visiting professor at the SciArc in Los Angeles.

Equipo de diseño arquitectónico Facultad de Arquitectura UNAM/*Architectural Design Team Architecture Faculty of the UNAM*

En 1992 el Magistrado Presidente del Tribunal Federal Electoral solicitó la intervención de la Facultad de Arquitectura de la Universidad Nacional Autónoma de México, para la realización del proyecto arquitectónico de la nueva sede del Tribunal Federal Electoral. Este proyecto piloto coordinado por los maestros Xavier Cortés Rocha y Gabriel Mérigo, lo desarrolló un grupo de jóvenes profesores y alumnos de Arquitectura, Arquitectura del Paisaje y Diseño Industrial, formado por los arquitectos Rodrigo Hernández, Josué Mejía, y los estudiantes Armando Oliver, Itzel Alba, Fernando Becerril, Francisco de la Isla, Daniel Holguín, Pedro Domínguez y Lorena Bourillón.

In 1992 the Magistrate President of the Federal Electoral Tribunal requested the intervention of the Architecture Faculty of the Universidad Nacional Autónoma de Mexico for the creation of the architectural project for the new headquarters of the Federal Electoral Tribunal. This pilot project, coordinated by the professors Xavier Cortés Rocha and Gabriel Mérigo, was developed by a group of young tutors and students of Architecture, Landscape Architecture and Industrial Design, composed of the architects Rodrigo Hernández and Josué Mejía and the students Armando Oliver, Itzel Alba, Fernando Becerril, Francisco de la Isla, Daniel Holguín, Pedro Domínguez and Lorena Bourillón.

Abraham Zabludovsky

Estudia en la Escuela Nacional de Arquitectura, recibiéndose con mención honorífica. Trabaja en el taller de Mario Pani, y empieza su práctica profesional en 1951. A partir de 1966 hasta 1991 colabora con Teodoro González de León. Ha sido premiado, reconocido y publicado en todo el mundo.

Studied at the Escuela Nacional de Arquitectura, graduating with an Honourable Mention. After working in the studio of Mario Pani, he opened his own office in 1951. From 1966 to 1991 he regularly collaborated with Teodoro González de León. His work has been published internationally, and he has gained recognition and awards around the world.